KiWi
Paperback

W0095507

KiWi
774

Über das Buch:
Dieser Band versammelt jüngst entstandene Texte, mit denen Horst-Eberhard Richter als Psychoanalytiker, Sozialphilosoph, Berater von Politikern und engagierter Zeitgenosse zu aktuellen Fragen Stellung nimmt. Das Spektrum reicht von den Verirrungen und Lernprozessen der Deutschen über den gesellschaftlichen Wandel der Psychoanalyse bis zu Betrachtungen über die neue internationale Friedensbewegung. Fußend auf Gedanken seines jüngsten Bestsellers »Das Ende der Egomanie« entwickelt Richter die Vision einer alternativen Völkergemeinschaft, in der ein sich global erweiterter Verantwortungssinn und gegenseitige Achtung den zur Zeit entfesselten kriegerischen Machtegoismus Schritt für Schritt überwinden könnten.

Über den Autor:
Horst-Eberhard Richter, Professor Dr. med. et phil., geboren 1923. Psychoanalytiker, Psychiater und Sozialphilosoph, ehemaliger Geschäftsführender Direktor des Psychosomatischen Universitätszentrums in Gießen und heute kommissarischer Direktor des Sigmund-Freud-Instituts in Frankfurt am Main bis Dezember 2002. Theodor-Heuss-Preis 1980. Goethe-Plakette der Stadt Frankfurt 2002. Buchveröffentlichungen u. a.: »Eltern, Kind und Neurose«, »Patient Familie«, »Die Gruppe«, »Lernziel Solidarität«, »Flüchten oder Standhalten«, »Der Gotteskomplex«, »Die Chance des Gewissens«.

Weitere Titel bei K&W:
Wanderer zwischen den Fronten, 2000. Das Ende der Egomanie. Die Krise des westlichen Bewusstseins, 2002.

Inhalt

Statt eine Vorworts:

Eine alternative Völkergemeinschaft

Mehr als eine Million in London, 1,3 Millionen in Barcelona, 600 000 in Madrid, mehr als eine Million in Rom, eine halbe Million in Berlin, 200 000 in Sydney, Hunderttausende in New York, Chicago, Detroit und Miami – am 15. Februar formierten sie sich zu einer großen Weltgemeinschaft, einen Tag nach der denkwürdigen Sitzung des Weltsicherheitsrates in New York, wo die versammelten UN-Botschafter mit einem ganz unüblichen Beifall die Friedensrede des französischen Außenministers Villepin gefeiert hatten. Es war, als hätte sich mit diesem Applaus eine Spur des Geistes jener Bewegung in den UNO-Palast geschlichen, der anderentags durch die Metropolen der Welt und Tausende von kleineren Städten wehte.

Seit Wochen hatte sich ein Häuflein von Initiatoren auf den 15. Februar als internationales Demonstrationsdatum verständigt. Aber niemand hatte mit dem Massenzustrom gerechnet. Was sich da traf, ist eine neue pluralistische Bewegung, die nirgends von einem politischen oder ideologischen Flügel oder von herausragenden Galionsfiguren dominiert wird. Die Veteranen der alten linken und grünen Protestformationen sind noch dabei. Große Anteile bilden neuerdings Gewerkschafter und kirchliche Gruppen, nachdem auch die großen christlichen Kirchen so einmütig und entschieden wie nie zuvor auf den Anti-Kriegskurs eingeschwenkt sind, der Papst vornean. Zu einer ganz bedeutenden integrierenden Kraft hat sich in Europa attac entwickelt, das sich in vielfältiger Weise mit den herkömmlichen sozialen Bewegungen vernetzt hat und vielleicht am treffendsten den Geist des neuen Engagements ausdrückt.

Wenn am 15. Februar überall die erwarteten Demonstrantenzahlen um ein Mehrfaches übertroffen wurden, so ist das ein Zeichen, dass man erst die neuen Hunderttausende oder Millionen kennen lernen muss, die überraschend dazugekommen sind. Man weiß zunächst nur, dass sie gegen den Irak-Krieg mit den Füßen abstimmen wollen – und dies, obwohl ihnen die mächtigen internationalen Medienkonzerne seit Monaten einreden, der geplante Angriffskrieg gegen den Irak diene einzig der präventiven Verteidigung gegen das waffenstarrende Monster im Irak. Aber warum sind die Massen immun gegen den exorzistischen Kriegswillen der Bush-Regierung? Sicherlich nicht aus Sympathie für Saddam Hussein.

Wenn man in vielen Protestveranstaltungen bei den engagierten Teilnehmern herumhört, findet man, dass die Menschen den Irak-Kriegsplan eher als Symptom einschätzen für das Streben nach einer Vollendung einer zutiefst ungerechten und letztlich menschenfeindlichen Weltunordnung. Sie wittern, dass Hunderttausende von Menschen geopfert werden sollen zur Eroberung des irakischen Öls. Aber es ist ihnen auch nicht die neue amerikanische Debatte entgangen, in der von der erstrebten Verwestlichung des gesamten mittelöstlichen islamischen Raumes über einen Brückenkopf Irak die Rede ist. Verwestlichung gedacht als Komplettierung der Herrschaft Amerikas und der transnationalen Konzerne über die angrenzenden arabischen Länder bei gleichzeitiger Entmachtung der islamischen Kultur.

Was die neu aufgerüttelten Millionen auf die Straßen treibt, ist keine Ideologie, auch kein klar definierbares

Konzept. Aber es ist ein als ganz sicher erfahrenes Gespür dafür, dass die auf eine Weiterentwicklung von Menschlichkeit gegründete Zivilisierung in elementarer Gefahr ist; dass ein Krieg – bei dem Millionen ins Elend, in die Flucht oder in den Tod getriebene Menschen als »Kollateralschäden« weggedacht werden zugunsten von Macht, Geld und Öl – einen Absturz in eine verheerende Entzivilisierung bedeutet. Irgendwie ist den neuen Millionen auf den Friedensmärschen bewusst, dass sie der Wild-West-Philosophie der Kriegsmacher menschlich überlegen sind. Das gibt ihnen ein erstaunliches Gefühl von Selbstachtung und Selbstsicherheit. Daher fehlt ihren Großveranstaltungen neuerdings jede Militanz. Es ist, als wüssten alle, dass sie eine enorme moralische Macht darstellen – jenseits der Macht der internationalen Rüstungskonzerne und der von diesen beeinflussten Politiker und Medien. Sie halten unbeirrbar an der Charta der Vereinten Nationen und den Völker- und Menschenrechten fest, auf die sich die internationale Gemeinschaft nach dem Inferno des Hitler-Krieges verständigt hatte, als aus den inneren Verwüstungen durch die Kriegsbarbareien das Bewusstsein von der Ebenbürtigkeit und Gleichberechtigung der Menschen, der Völker und Kulturen erwacht war.

In einem öffentlichen Appell der Internationalen Ärzte für Frieden und soziale Verantwortung habe ich die aktuelle geistige Situation so zu fassen versucht: »Die Welt steht vor der Wahl, entweder einen brutalen imperialen Eroberungskrieg nach Vorbildern des Kolonialzeitalters zu unterstützen oder an der notwendigen Demokratisierung der internationalen Gemeinschaft weiterzuarbeiten und für das Ziel einer Kultur der Menschlichkeit und des Friedens zu kämpfen.«

Als ich diesen Satz am 15. Februar 2003 vor 50 000 Teilnehmern an der Stuttgarter Friedensdemonstration ausgesprochen hatte, bekam ich durch die lang anhaltende Zustimmung zu spüren, dass in den Menschen die Ahnung von diesem Entweder-oder lebendig ist. Sie wissen, dass sie kurzfristig verlieren können, wenn sich Bush und die Scharfmacher um ihn herum trotz der Stürme des Widerstandes, die sie entfacht haben, zum Durchspielen ihres High-Noon-Stückes entschließen sollten. Aber die erwachte Gegenvision von einer menschlicheren, sozialeren und gerechteren Welt lässt sich nicht mehr ersticken. Sie hat sich sogar in dem Maße verstärkt, in dem die Verdummungskampagne der Kriegspropaganda ihre Verlogenheit zunehmend bloßgelegt hat.

Es ist ganz offensichtlich, dass sich Bush, Powell, Rumsfeld verrechnet haben, als sie sich vor Monaten noch einbildeten, sie könnten sich den Sicherheitsrat nach Belieben gefügig machen und mit den Waffeninspekteuren eine Art Marionetten-Theater aufführen. Daran gewöhnt, die Widerstände in der Weltorganisation durch erprobte Macht- und Erpressungsmittel ersticken zu können, gerieten sie zunehmend in Verlegenheit und verschlimmerten ihre Lage noch durch die mehrfache Drohung, die UN bei Unfolgsamkeit einfach zu missachten und allein loszuschlagen. Vielleicht werden sie ihre Drohung auch wahrmachen und damit ihre rücksichtslose Egomanie definitiv enthüllen, für die sie mit dem Ausscheren aus der Weltklima-Konvention und mit der Sabotierung des Weltstrafgerichtshofes bereits unmissverständlich Zeugnis abgelegt haben.

Niemand wird die Bush-Regierung hindern können, nach John-Wayne-Muster erklärte Weltschurken aus dem

Felde zu schlagen und unbotmäßige Freunde zu schikanieren. Aber was sie momentan im Sicherheitsrat erlebt und was von unten als neue soziale kritische Weltbewegung zusammenwächst, dürfte ihr dennoch gefährlich werden. Denn bisher vermochten die Amerikaner ihre Größen- und Allmachtsträume noch immer mit einem religiösen Berufungsglauben zu versöhnen. General Thomas Farrel, Augenzeuge des Hiroshima-Infernos, berichtete Präsident Truman von der Entfesselung der Kräfte des Allmächtigen durch Menschenhand. Das Bombenflugzeug war vor dem Start christlich eingesegnet worden – nach Günther Anders »wohl der erschreckendste Missbrauch, der in der christlichen Ära je geschehen, ohne dass die Gläubigen ihrem Christentum in dieser Situation zu Hilfe gesprungen wären«.

Aber bis heute funktioniert diese amerikanische Schuld- und Mitleidsverdrängung im Bewusstsein des nationalen Auserwähltseins. Dahinter steckt die Kraft einer phantastischen Egomanie, der Wahn einer nationalen Selbstvergöttlichung, aber immer verbunden mit der Besessenheit, sich die größenwahnsinnige Selbstidealisierung durch ewige Reproduktion des High-Noon-Szenarios bestätigen zu müssen. In unendlicher Wiederholung muss man wie der heilige Georg in dem eineinhalb Jahrtausende alten Mythos den Drachen töten. Man braucht zum Niederkämpfen ewiger ödipaler Unsicherheit ständig den Sieg über die Herren der Finsternis als Selbstbeweis. Der Läuterungsheld benötigt den weltbedrohenden Feind für die heroische Heilsgeschichte, keinesfalls einen kastrierten Saddam Hussein ohne atomare, chemische oder biologische Weltbedrohung. Bin Laden und Saddam müssen, so wenig der Terror des einen mit der Tyrannei des anderen etwas ge-

meinsam hatten, zu einer einzigen gigantischen Teufels-
gestalt verschmelzen, um das ödipale Duell zum heroischen Läuterungsdrama verklären zu können.

Nun aber scheren im Sicherheitsrat wichtige Mitspieler
aus den Rollen aus, in die sie sich nach dem 11. September
2001 noch willig gefügt hatten. Sie sehen sich nicht mehr
als Helfer eines durch Terror traumatisierten Amerika,
sondern zu Handlangern einer Hegemonialmacht degra-
diert, die sich über alle Gebundenheiten in egomanischer
Selbstvergöttlichung hinwegsetzt und mehr und mehr
selbst die Züge hervorkehrt, die sie ihren dämonisierten
Feinden zuteilt.

Erste Anzeichen lassen vermuten, dass den Amerikanern
erst recht dann, wenn sie ihre kriegerische Invasion trotz
allem starten sollten, ein geistiger Widerstand aus uner-
warteter Richtung erwachsen könnte. Gewöhnt sind sie die
Inszenierung: Entweder ihr seid für uns, für das Gute oder
ihr seid für die Terroristen, für Saddam Hussein, für das
Böse. Aber nun kommt eine Friedensbewegung mit einem
neuen moralischen Selbstbewusstsein daher, die sich nicht
auf diesen Dualismus einlässt. Nach der Definition von
Hans-Eckehard Bahr trifft damit ein »national durch-
tränkter« amerikanischer Religionstypus auf eine »univer-
salistisch menschenrechtlich orientierte Religiosität«, die
in der neuen Friedensbewegung immer deutlicher durch-
schimmert.

Der Terror vom 11. September hatte Bush kurzfristig
sogar ermutigt, zu einem Kreuzzug aufzurufen. Aber auch
nach Verzicht auf diese Benennung blieb er bei seinem
fundamentalistischen Ansturm gegen die Mächte des Bösen. In seiner berühmten Nashville-Rede beschwor er alle

christlichen Tugenden, darunter das Mitgefühl, aber ausdrücklich auf das eigene Land gewendet, nicht etwa umfassend im Sinne des universalistischen Religionstyps. Wenn Nelson Mandela Bush Beschränktheit ankreidet, so meint er wohl gerade diese Einengung des moralischen Horizontes.

Aber nun stößt diese nationale amerikanische Selbstheiligung auf eine Bewegung, in der gerade die Überwindung des manichäischen Denkens zu den zentralen Antrieben zählt. Die christlichen Gruppen, attac, die Gewerkschaften und die Friedensärzte, aber auch einen Großteil der Unorganisierten eint das Bewusstsein einer Verbundenheit über alle Grenzen. Sie spüren Mitverantwortung für das Schicksal der potentiellen Opfer im Irak. Und sie stehen entschlossen für eine Weltordnung ein, in der kein religiös drapierter Machtegoismus die Menschheit in selbstgerechte Sieger und abgehängte Verlierer spaltet. Über die Länder und Kontinente hinweg drängt es viele Millionen Menschen, wie sich am 15. Februar gezeigt hat, die ernsteste Friedensbedrohung derjenigen Regierung anzulasten, die sich selbst zur exorzistischen Austreibung des Bösen berufen erklärt. Dieser Protest trägt nicht die giftige Farbe des Ressentiments und des Neides, sondern strahlt die Selbstgewissheit überlegener Verantwortungsreife aus. Der lässt sich nicht durch die pubertären Mythen der High-Noon-Mentalität blenden, sondern besteht schlicht auf der Einhaltung des Völkerrechts und der Unterordnung aller unter die Gemeinschaftsverpflichtungen zur Wahrung des Friedens und der Gerechtigkeit.

Wie immer die Machtriege Washingtons die Widerspenstigen im Sicherheitsrat noch unter Druck setzen mag oder ob sie letztlich den militärischen Alleingang doch noch riskiert – moralisch ist sie in eine unerwartete Defensive geraten, denn mit ihrem manichäisch-apokalyptischen Weltbild kann sie eine Bewegung nicht länger einschüchtern, die das tarnende Blendwerk vor einem rigorosen kolonialen Machtegoismus klar durchschaut. Washington hat die Chance verpasst, die Welle der Anteilnahme und der Solidarisierung nach dem 11. September für eine besonnene Reaktion im Rahmen der internationalen Rechtsordnung zu nutzen, anstatt sich zu einem Rachefeldzug auf dem Niveau der gleichen Brutalität wie derjenigen der Angreifer zu erniedrigen und nun sogar zu einem imperialen Eroberungskrieg anzusetzen. Die Amerikaner mögen siegen und noch einmal siegen, aber sie sind dabei, die weltweit herausgeforderten moralischen Widerstandskräfte zu unterschätzen, gegen die kein Raketenabwehrschild, kein CIA, keine Homeland Security Schutz garantieren.

I.

Ist Friedensfähigkeit noch lernbar?

Ist eine andere Welt möglich?

Vortrag an der Universität Tübingen, 13. Februar 2003

Als ich einen Titel für diese heutige Veranstaltung suchte, fiel mir spontan das Motto von attac ein: »Eine andere Welt ist möglich«, das auf dem Gründungskongress von attac Deutschland mehr als 3000 meist jungen Teilnehmern wie selbstverständlich als eine hoffnungsvolle Aufgabe erschienen war. Das war bald nach dem 11. September, als noch nicht absehbar war, dass uns eine lange Periode von militärischer Gewalt und nun sogar ein imperialer Eroberungszug nach dem Muster der Kolonialkriege des 19. Jahrhunderts bevorstehen würde – was heißen kann, sich zunächst nicht auf eine andere bessere, sondern auf eine andere schlechtere Welt einrichten zu müssen.

Dass die Deutschen mit besonderer Idiosynkrasie auf eine anscheinend fest beschlossene Irak-Invasion reagieren, ist alles andere als erstaunlich und bedarf keiner Entschuldigung. Mit zwei Weltkriegen Schrecken über die Welt verbreitet zu haben und unvermindert über die Generationen hinweg an der Erblast des Holocaust zu tragen, ist wohl Grund genug, sich jeder noch verhinderbaren kriegerischen Aggression warnend entgegenzustellen. Auch wenn es vermessen aussieht und uns Deutschen von den Amerikanern als unterlassene Hilfeleistung angekreidet wird, es erscheint mir nicht unmöglich, dass diese es irgendwann selbst als freundschaftlich gemeint akzeptieren werden, dass man sie auf die Gefahr einer allmählichen Selbstisolierung in der Welt hingewiesen und vor der Beschädigung der hohen moralischen Achtung gewarnt hat, die sie sich als Bollwerk gegen die Naziherrschaft und den Terror des Stalinismus erworben haben.

Auch die Amerikaner haben eine Geschichte zu tragen, die nicht nur mit rühmlichen Taten, auch mit Leiden und Schuld belastet ist: Hiroshima mit 200.000 Toten durch einen einzigen atomaren Bombenschlag, Vietnam, wo das versprühte Dioxin der Menge nach ausgereicht hätte, die gesamte Menschheit tödlich zu vergiften. Vietnam stürzte sie in eine kurze moralische Krise, in der sie nach einem Läuterer suchten und in dem frommen Jimmy Carter als Präsidenten fanden – der ihnen nun vor kurzem wie als Mahnmal mit der Friedensnobelpreis-Ehrung vorgehalten wurde. Der warnt jetzt genauso inständig vor einem neuen Irak-Krieg, wie er es durch persönlichen Besuch vieler Senatoren vor dem alten getan hatte.

Noch eine Bemerkung zu Hiroshima. Als zum 50. Jahrestag des Bombenabwurfs eine große Gedächtnisausstellung im Smithonium-Museum in Washington lange schon vorbereitet worden war, wurde am Ende dennoch eine Absage erzwungen. Noch immer darf nicht besichtigt werden, was man einmal angerichtet hat. Das ist nicht von außen zu beanstanden, aber zu bedauern. Denn vielleicht würden aufkommende und zugelassene Selbstzweifel daran zu denken helfen, dass die auf den Irak gerichteten Raketen kaum Saddam Hussein, sondern wieder Tausende von Unschuldigen, darunter viele Frauen und Kinder treffen würden. Und Hiroshima könnte auch an das erschütternde Bekenntnis des Ex-Oberkommandierenden der US-Nuklearstreitkräfte General Butler erinnern, wonach die Menschheit im Kalten Krieg wohl weniger durch eigene Vorsicht als durch himmlische Gnade einem atomaren Holocaust gerade noch entgangen sei.

Aber das Erinnern, das nicht nur wir Psychoanalytiker immer wieder als unerlässliche Hilfe zum Bestehen der Zukunft erkennen, bietet uns allen im letzten Teil des 20. Jahrhunderts auch zwei große Ermutigungen. Es waren Menschen, die zwei scheinbar unüberwindbare und höchst gefährliche Verfeindungen aufgelöst haben. Den mörderischen atomaren Wettlauf des Kalten Krieges und den hochbrisanten Apartheids-Konflikt in Südafrika.

Noch bis über die Hälfte der 80er Jahre hinaus beherrschte uns im Westen das Dogma, nur unter dem Druck einer maximalen atomaren Bedrohung könne Moskau daran gehindert werden, die ganze Welt seinem kommunistischen Zwangssystem zu unterwerfen. Bereits damals bediente sich Ronald Reagan wie neuerdings Nachfolger Bush der Lehre von der Gut-Böse-Spaltung der Welt, nach dem Vorbild der Theorie des persischen Sektengründers Mani aus dem dritten Jahrhundert. Wer in den 80er Jahren dennoch für Verständigung warb und dies etwa sogar durch praktischen Einsatz über die Grenzen des Eisernen Vorhangs hinweg tat, was wir Ärztinnen und Ärzte von der IPPNW riskierten, zog sich bestenfalls bösen Spott, eher noch den Verdacht zu, dem Feind in die Hände zu arbeiten, wenn nicht von diesem sogar instrumentalisiert zu sein. Aber dann kam mitten aus der Hochburg der Finsternis ein Michail Gorbatschow und brach den Bann. Er betrieb, was psychologisch sehr wichtig war, im eigenen Land eine Aufarbeitung des stalinistischen Erbes und warb zugleich um internationales Vertrauen durch einen einseitigen verlängerten Atomteststop und durch Einleitung einer einseitigen konventionellen Abrüstung, vor allem aber durch das Übertragen seines festen Glaubens an die Erreichbarkeit einer Humanisierung der internationalen Beziehungen.

Das Problem der *Waffen* werde man lösen, wenn *die Menschen* anders miteinander umzugehen lernen würden. Das könnten die Politiker allerdings nicht allein schaffen. Dieses Klima müssten die Menschen aus allen gesellschaftlichen Bereichen fördern. So lud er 1987 zu seinem großen Friedensforum internationale Gäste ein aus Kunst und Kirche, aus Wissenschaft und karitativen Gruppen, aus Frauenarbeit und Umweltschutz. Es war eine Art Modellexperiment, eine Vision für die Politik einer anderen Welt. Und dies an dem Platz, der uns im Westen als irreparable Gruselkammer kommunistischer Menschenfeindlichkeit eingeprägt worden war. Ich könnte noch manches von der im wahrsten Sinne entwaffnenden Humanität Gorbatschows erzählen, denn ich hatte das Glück, mich an der Gründung und später an der Arbeit eines spontan entstandenen Kreises beteiligen zu können, den Gorbatschow seit 1987 bis zu seinem Amtsende begleitete und betreute. Auch diese Gruppe war bunt gemischt. In ihr fanden sich u. a. der aus der Verbannung befreite Andrej Sacharow, US-Exkriegsminister McNamara, mehrere Atomwissenschaftler, darunter Hans-Peter Dürr, Theologen, der Greenpeace-Gründer David McTaggart. Amerikanische Stiftungen halfen mit Geld, sodass wir manche über den Eisernen Vorhang hinaus wirkende Projekte aus den Gebieten Menschenrechte, Kommunikation und Ökologie fördern konnten. Ich selbst erhielt Mittel für eine russisch-deutsche Vergleichsstudie über Selbstbilder, Fremdbilder und soziale Einstellungen. Aber Gorbatschow war nicht der Großmanager, um die Überführung des zusammenbrechenden Sowjetsystems in eine neue russische Ordnung leisten zu können. Immerhin hat er die Welt aus der beinahe tödlichen Gut-Böse-Spaltung befreit.

Zweites Beispiel Südafrika und Nelson Mandela. Schon Jahre vor dem Zusammenbruch des Apartheidstaates hieß es immer wieder, Südafrika werde in einem unaufhaltbaren Bürgerkrieg explodieren. Undenkbar sei es, dass die Schwarzen nach den an ihnen verübten Erniedrigungen und Massakern noch daran gehindert werden könnten, das Land mit blutiger Vergeltung zu überziehen. Aber dann verließ Nelson Mandela das Gefängnis. Einst Befehlshaber terroristischer Aktionen des ANC, war er jedoch in 27 Jahren Kerkerhaft zu der tiefen Überzeugung durchgedrungen, dass sein Volk sich nicht zu der gleichen Unmenschlichkeit herabwürdigen dürfe, der seine Peiniger anheim gefallen waren. Denn das hatte Mandela genau verfolgt, wie destruktiv sich Täter selbst beschädigen, wenn sie ihre menschliche Selbstachtung lädieren, wenn sie ihre Macht zum Demütigen, zum Quälen oder zu noch Schlimmerem missbrauchen. Er beobachtete solche psychischen Traumatisierungen auch bei den eigenen Wärtern. Und so hatte er mit befreundeten Häuptlingen den Plan zu einer Versöhnungsarbeit gefasst, der dann mit großem Einsatz von Bischof Tutu zu den denkwürdigen Wahrheitskommissionen führte. Das Experiment bereitete viele Schwierigkeiten. Aber *allein der Weg* setzte einzigartige Hoffnungszeichen weit in die Welt hinein. Und nicht selten gelang es auch, zwischen weißen Tätern und schwarzen Opfern und umgekehrt unerwartete menschliche Annäherungen möglich zu machen.

Die Frage meines Vortragstitels hat mich veranlasst, an diese beiden schon historischen Beispiele deshalb noch einmal zu erinnern, um die Bedeutung einer sozialen Einstellung und einer diese tragenden Empfindsamkeit klar zu machen, die beide Male einen Wandel einer schon hoffnungslos verfahrenen Situation herbeizuführen vermochten. Obwohl ich in beiden Fällen die zentral handelnden Figuren Gorbatschow und Mandela herausgestellt habe, die persönlich von dem Geist erfüllt waren, der jeweils das Paranoid des passiven und aktiven Bedrohungsdenkens zu überwinden half, so war es kaum ein Zufall, dass zu jener Zeit gerade diese Persönlichkeiten in ihren Völkern zu Führungsrollen aufsteigen konnten. Hätte es die Russen nicht zu einer Entstalinisierung und zur Schaffung einer menschlicheren Gesellschaft gedrängt, dann hätten sie in ihrer strengen Hierarchie niemals einer Figur wie Gorbatschow den Weg nach oben freigemacht. Es ist schon etwas daran, wenn man sagt, letztlich hätten Völker die Führer, die sie verdienten. Diese Führer drücken Ideen und ein Bild der Welt aus, die zu den Stimmungen, Erwartungen und Hoffnungen der Zeit passen.

Versucht man, diese seinerzeit durch Gorbatschow und Mandela in den jeweiligen Krisen ausgedrückte Einstellung zu erfassen, so ist ein kennzeichnender Punkt zweifellos *das prinzipielle Mitdenken der anderen Seite*. Das Leben in einer von Hass gespaltenen Welt ist unerträglich geworden. Mandela, gefangen vom Apartheidsregime, entdeckt bei seinen Wärtern das Verwandte, und zwar – wie seine Biographie zeigt – nicht aus einer Ideologie heraus, sondern er kann es fühlen, *das Eigene im Anderen*. Es wird ihm so offenbar wie ein Urphänomen. Er tut nichts dazu, er sieht nur hin und weiß, da ist eine tiefe Verwandtschaft zwischen den Menschen, man muss sie nur beherzigen. Und er versteht es dann, dieses andere Sehen weit auszubreiten, sodass – wie man sagt – den Menschen die Schuppen von den Augen fallen. Gleiches hat Gorbatschow um sich herum bewirkt. Später kostet es die Menschen gar keine Mühe, die anderen, etwa die Russen aus deutscher Sicht und die Deutschen aus russischer Sicht als freundliche Verwandte zu entdecken. Plötzlich scheint fast unverständlich, geradezu beschämend, dass man sich gestern noch wie durch Welten voneinander getrennt geglaubt hatte. Es ist ein Solidaritätsgefühl da, im Schatten einer Katastrophe, ähnlich wie bei Erdbeben oder schrecklichen Überschwemmungen: Stehen wir jetzt nicht zusammen, sind wir verloren.

Warum hat nicht auch der 11. September diese Solidarisierung herbeiführen können? Zunächst war ja da etwas von weltweiter Zusammengehörigkeit spürbar. Es gab ein Mittrauern, auch eine Angst, die durch viele Länder schlich. Der Haupttäter Atta hatte ein Vermächtnis hinterlassen, das etwas von der Quelle des Hasses verriet, der sich in den Terroranschlägen ausdrückte. Da war viel von Erniedrigung spürbar, von Bedrohung und kränkender Nichtachtung der eigenen fundamentalistischen Glaubenswelt. Es war ein Signal, das man vielleicht hätte aufnehmen können. Aber der Terrorschlag traf ein Amerika, das gerade auf dem Wege war und noch ist, sich ganz und gar um das eigene Selbst zu scharen und sich soweit als möglich aus auswärtigen Verpflichtungen herauszuhalten, so etwa aus einer gemeinsamen Klimaschutz-Konvention wie aus der Bindung an einen internationalen Strafgerichtshof, der sich etwa auch für amerikanische Kriegsverbrecher zuständig erklären könnte. Dazu passt ferner die Kündigung des ABM-Vertrages mit der Absicht, sich selbst durch einen Raketenschutzschild unverwundbar zu machen bei gleichzeitiger Fähigkeit, alle anderen mit überlegener Nuklearmacht zu bedrohen.

Diese von mir so genannte amerikanische Egomanie hat nun allerdings durch den 11. September einen schweren

Schlag erlitten. Wenige fast unbewaffnete Terroristen haben eine existentielle Verletzbarkeit bloßgelegt, die uns alle auf dieser Erde eint, welche defensiven oder offensiven Machtmittel wir auch immer entwickeln. Der Zwang zu dieser Einsicht ist es, der dem Satz Sinn gibt, der 11. September habe die Welt verändert. Aber haben die Amerikaner das verstanden, oder haben sie nicht alles getan, um die genannte Einsicht zu verdrängen? Genau besehen enthalten die noch auf längere Dauer angetriebene Kriegsmaschinerie und die Bürgerüberwachung mit drastischer Einschränkung von Freiheitsrechten panische Züge. Der Bevölkerung soll suggeriert werden, dass man sie verlässlich schützen und dass man das Böse vom 11. September kriegerisch ausrotten könne. Die erzeugte patriotische Angriffsstimmung soll Unsicherheitsgefühle unterdrücken, ganz gleich ob alle Experten auch davor warnen, dass ein Irak-Kieg den islamistischen Terrorismus mit Sicherheit verschlimmern statt eindämmen werde.

Ich wiederhole: Der 11. September hat symbolhaft offenbart: Auch der Mächtigste der Welt bleibt noch mit einem Rest Ohnmacht an einen Rest Macht des Ohnmächtigsten gefesselt. In Nahost wird uns dieser Zusammenhang auch schon seit Jahren demonstriert: Keine noch so überlegene Gewalt schützt vor der Gegengewalt selbstmordbereiter Attentäter. Erst wenn die einen das erfahrene eigene Leiden in demjenigen wiederzuerkennen vermögen, das sie den anderen zufügen, wird ihnen aufgehen, dass sie beiderseits Sicherheit nur miteinander und nicht gegeneinander finden können. Dann werden sie auf ihrem kleinen Fleck Erde die Gewaltkette stoppen können, die uns allen in Weltmaßstab droht, wenn die fällige Einsicht nicht beherzigt wird.

Ich habe ausdrücklich die Humanisierungsleistungen bei der Überwindung des Kalten Krieges und der Befriedung Südafrikas noch einmal kurz charakterisiert, um die Gefahr einer über uns hereinbrechenden Entzivilisierung am Rande des Irak-Krieges noch besser verständlich zu machen. Die Menschen spüren immer deutlicher, dass der zusammenbindende Zwang eines Krieges sie von der weltweiten wirtschaftlichen Krise und den gewaltigen Problemen einer viele Ungerechtigkeiten schaffenden Globalisierung ablenken soll. Sie stehen vor der Paradoxie, dass ein Krieg gewollt wird, der – wie der Papst zu Recht festgestellt hat – eine Niederlage für die Menschheit bedeutet. Er wird gewollt gegen eine überwältigende Mehrheit der europäischen Völker und gegen eine beträchtliche Minderheit der Menschen Amerikas. Er wird gewollt durch Unterdrückung derjenigen seelischen Antriebskräfte, die Gorbatschow und Mandela zur Überwindung von Verfeindung in den Menschen bestärkt haben. Jetzt gelten diese Motive als anti-amerikanisch, als Saddam-Husseinfreundlich, oder sie werden als Männlichkeitsdefizit verworfen, wovon der amerikanische Philosoph Richard Rorty ein kleines bezeichnendes Beispiel erzählt hat:

Außenminister Powell erfährt im Gespräch mit seinem französischen Amtskollegen, dass dieser Bedenken gegen den amerikanischen Unilateralismus und gegen die Irak-Kriegspläne hegt. Powells überlieferter Kommentar: Dieser Kollege führe sich schwächlich und weibisch auf. Ferner berichtet Rorty von demokratischen Senatoren und Abgeordneten, die sich als »weichliche Europhile« schmähen lassen müssten. Weichlich, schwächlich, weibisch, feige. Als Psychoanalytiker erinnert man sich an die kraftmeierischen Sprüche und Mutproben, mit denen sich postpubertäre Jugendliche ihrer Potenz versichern zu können glauben. Mir fällt dazu der Filmtitel »Denn sie wissen nicht, was sie tun« ein.

Die Entscheidung über einen Krieg als Männlichkeitstest – man denke! Was ist es überhaupt für ein Mannesmut, der da bewiesen werden soll? Im Golfkrieg vor 12 Jahren verloren 100 Amerikaner, aber 100.000 Iraker das Leben. Ein Amerikaner auf 1000 Iraker. Inzwischen ist die Kriegstechnik noch perfekter, wahrscheinlich also das heutige Risiko für amerikanische Soldaten noch geringer.

Mir erscheint da das Wort Krieg im Sinne des Kampfes von Soldaten gegeneinander neuerdings fast als Euphemismus. Was in Wahrheit geschieht, ist eine einseitige Massenhinrichtung. Aus unerreichbarer Ferne, die keine Gegenwehr möglich macht, töten Raketen oder Bomben, abgefeuert oder ausgeklinkt von Männern, die keine Opfer schreien hören, keine verstümmelten Körper sehen, die sich nicht von Angesicht zu Angesicht mit dem Leid auseinandersetzen müssen. Was ist das für eine männliche Bewährung, solches Hinrichten anzuordnen oder zu vollbringen? Wenn es Außenminister Powell selber ist, der solche psychologischen Kriterien anwendet, dann wird man doch dazu genötigt, sich über die Stufe des Verantwortungsniveaus Gedanken zu machen, von dem aus die Welt in diesen Krieg getrieben werden soll. Man fragt sich, ob in den Bevölkerungsmehrheiten, die diesen Krieg entschieden ablehnen und verabscheuen, nicht erheblich mehr Sensibilität und mehr Besonnenheit offenbar werden als in den politischen Akteuren, die uns in eine neue Menschheitstragödie unter dem Aspekt eines maskulinen Heldenstücks hineinzwingen wollen.

Dennoch lohnt es sich daran zu glauben, dass eine andere Welt möglich ist. Deshalb habe ich dieses Referat mit den beiden noch gar nicht lange zurückliegenden Erfolgsgeschichten begonnen und diese am Ende so interpretiert, dass die erfolgreichen Friedensstifter nicht vom Himmel gefallen seien, sondern widergespiegelt hätten, was an konstruktivem Wandel schon als Erwartung aus der Zeitstimmung heraus lebendig gewesen sei.

Und nun sehe ich um uns herum auch manche Zeichen für einen alternativen Geist, der umso deutlicher hervortritt, je hilfloser, verlogener und erpresserischer die Kriegspropaganda auf uns einhämmert. Die großen Kirchen stehen in seltener Einmütigkeit auf der Seite des Protests. Die globalisierungskritische Bewegung attac erlebt bis in kleine Orte hinein einen Zustrom aus allen Altersklassen. Alle Friedensveranstaltungen sind überfüllt. Auch wenn immer deutlicher wird, dass uns der Krieg so oder so aufgezwungen werden soll – die Menschen verlieren nicht die Fassung. Sie demonstrieren ihren Gegenwillen beharrlich und gewaltfrei. Auf den vielen Veranstaltungen, zu denen ich in den letzten Wochen eingeladen war, habe ich so etwas wie ein neues Selbstbewusstsein bemerkt. Ein Nicht-Zurückweichen trotz des unbeirrten amerikanischen Kriegswillens. Es ist fast so etwas wie Überlegenheit über die Primitivität der täglichen Kriegshetze spürbar, über das gebetsmühlenhafte Herunterleiern der angeblichen »Beweise«. Man weiß die Menschlichkeit auf der eigenen Seite, das Mitfühlen mit den voraussehbaren Opfern. Und man steht fassungslos vor einer neuen Debatte in den Vereinigten Staaten, in der bereits von einer Amerikanisierung des gesamten islamischen Mittleren Ostens über einen Brückenkopf Irak phantasiert wird – als Einstieg in die

Schlussetappe einer liberal-kapitalistischen Weltrevolution.

Man hätte drüben den Brief genauer lesen sollen, den der amerikanische Politikwissenschaftler Benjamin Barber nach dem 11. September an seinen Präsidenten geschrieben hat mit dem entscheidenden Satz: »Der Terrorismus ist nur die verzerrte und negative Form der wechselseitigen Abhängigkeit, die wir in der positiven und nützlichen Form nicht anzuerkennen bereit sind.«

Das heißt: Es gibt nur eine vernünftige Weltordnung, die das ebenbürtige Miteinander, die das wechselseitige Aufeinander Angewiesensein des Lebens als Grundlage anerkennt und damit den Traum von einer unilateralen egomanischen Allmacht mit Unabhängigkeit und Unverletzbarkeit ad absurdum führt.

Die Unsicherheit auf der anderen Seite wächst. Dass 12 Jahre alte abgeschriebene Papiere eines Studenten als offizielles britisches Regierungsdossier die Bedrohlichkeit des Irak nachweisen sollen, erscheint nur symptomatisch für die Verlogenheit der Informationskrieger. In den Bevölkerungen ist eine tiefe Unzufriedenheit darüber verbreitet, dass sich kriegskritische Mehrheiten nicht noch wirksamer politisch zur Geltung bringen können. In Italien und Spanien lehnen mehr als vier Fünftel der Menschen den Krieg ab, erleben aber dessen Befürwortung durch die eigenen Regierungen. Hierzulande schilt die Opposition die Regierung als opportunistisch, weil diese nichts anderes als das vertritt, was die Mehrheit will. Vom Opportunismus derjenigen Regierungen ist kaum die Rede, die ihre Amerika-Gefolgschaft durch Geld oder andere Vergünstigungen kaufen lassen. Es ist wahrlich schwer erträglich, dass die Bürgergesellschaften in wahlfreien Zeiten wie unter Pflegschaft befindlich außerstande sind, in einer für die Weltordnung entscheidenden Frage mitzuwirken. Die Entmündigung beginnt bereits in den Medien. Gerade habe ich in einem längeren Aufsatz im »Freitag« eine schwedische Studie zitiert, die sehr sorgfältig das Medienverhalten im Kosovo-Krieg studiert hat. Verantwortlich für die Studie ist das schwedische Amt für psychologische Verteidigung. Ergebnis: »Die Unabhängigkeit und die Integrität der Medien in der westlichen Welt sind in der neuen Weltordnung immer mehr zurückgegangen.« Im Kosovokrieg hätten sich die Medien der kriegsführenden Länder von einem kritischen Kontrolleur der Staatsmacht in eine vierte Waffengattung neben Heer, Luftwaffe und Marine verwandelt. Das Publikum habe dem Dauerbeschuss der Kriegspropaganda eher widerstanden als die Medienprofis.

Im Augenblick sieht es nicht viel anders aus. Wer in der Friedensarbeit engagiert ist, begegnet überall der Tendenz der Medien, viel mehr von oben nach unten als umgekehrt zu vermitteln. Was in den kritischen Gruppen an eigenem Aufklärungsmaterial, an erhellenden Analysen und an konstruktiven Ideen erarbeitet wird, kommt nur schwer an die Öffentlichkeit, wenn überhaupt, dann im lokalen Kulturteil der Zeitungen. Seit langem dichten die Medien der gesamten Szene der Friedensforschung und der Friedensarbeit gern den faden Geruch jener Weicheier-Mentalität im Sinne Colin Powells an. Aber da sorgen nun immerhin die voraussehbaren Grusel-Szenarien des vorbereiteten Krieges für eine beginnende Umstimmung. Die Medien müssen schon aufpassen, die inzwischen sensibilisierten Menschen nicht erneut mit der Vortäuschung eines chirurgisch sauberen Krieges verdummen zu wollen. Wenn sie es wagen, uns wieder ohne eigene kritische Recherchen nur zensurgefilterte, hygienisch zuträgliche Bilder und Berichte zu liefern, dann missachten sie ein weiteres Mal die Pflicht einer vierten Macht im Staate und machen sich der Schwächung derjenigen menschlichen Widerstandskräfte schuldig, auf die es zur Verhütung einer weiteren Entzivilisierung ankommt. Die mögliche Entsinnlichung der Brutalität bedeutet in Wahrheit eine gefährliche Abspaltung der Gefühle von der an die Technik delegierten Aggression. Es ist eine Unterdrückung genau der Empfindsamkeit, die uns die Nähe zu den anderen vermittelt.

Lassen Sie mich abschließen mit dem Motto, mit dem ich mein Buch »Das Ende der Egomanie« überschrieben habe. Es ist ein Satz des Philosophen Richard Rorty, der lautet: »Der moralische Fortschritt ist davon abhängig, dass die Reichweite des Mitgefühls immer umfassender wird. Er ist nicht davon abhängig, dass man sich über die Empfindsamkeit erhebt und zur Rationalität vordringt.«

Erlauben Sie mir, dass ich noch einen Appell vorlese, den ich für den Vorstand der deutschen Ärzte für Frieden und soziale Verantwortung (IPPNW) an die Deutsche Bundesregierung gerichtet habe. Er lautet:

APPELL AN DIE DEUTSCHE BUNDESREGIERUNG

Als Internationale Ärzte für Frieden und soziale Verantwortung IPPNW (Träger des Friedensnobelpreises 1985) fordern wir von der Deutschen Bundesregierung, dass sie unverzüglich alle internationalen Einflussmöglichkeiten ausschöpft, um einen Irak-Krieg zu verhindern. Laut Umfragen sind sich die Völker Europas in hohem Maße darin einig, dass ein solcher Krieg ungerechtfertigt und verhängnisvoll wäre.

Ein demokratisches Europa muss diesen eindeutigen Willen der Völker durch entsprechendes Handeln beherzigen!

Die Verelendung der Menschen im Irak durch den 2. Golfkrieg und die Sanktionen haben zu einem extremen Anstieg der Säuglings- und Kleinkinder-Sterblichkeit geführt. Das ohnehin insuffiziente Gesundheitssystem würde im Kriegsfall binnen Tagen zusammenbrechen. Mindestens eine halbe Million Menschen würden in eine humanitäre Katastrophe stürzen, die auch durch koordinierte auswärtige Hilfe nicht abgewendet werden könnte. Nach einer vor drei Tagen durchgeführten Forsa-Umfrage teilt die Mehrheit der Deutschen (68 Prozent) unsere Überzeugung, dass ein militärischer Angriff auf den Irak dem Terrorismus sogar neuen Auftrieb geben würde.

Die vorgeschobenen Kriegsgründe haben sich als haltlos erwiesen, das gilt sowohl für die erfundene Weltbedrohung durch den Irak als für dessen angebliche konspirative Verbindung mit dem Al-Qaida-Terrorismus. Die Welt steht vor der Wahl, entweder einen brutalen imperialen Eroberungskrieg nach Vorbildern des Kolonialzeitalters zu tolerieren, wenn nicht gar zu unterstützen, oder an der notwendigen Demokratisierung der internationalen Gemeinschaft weiterzuarbeiten und für das Ziel einer Kultur der Menschlichkeit und des Friedens zu kämpfen. Die Politiker wissen, welche Entscheidung ihnen ihre Verantwortung gebietet. Wir verlangen von ihnen, dass sie das Gebotene tun.

Berlin, den 16. Januar 2003

Prof. Dr. Dr. Horst-Eberhard Richter
für den Vorstand der IPPNW

Hoffnung attac

Alternativgipfel in Salzburg zum World Economic Forum,
September 2002

Zwei Tage vor dem Weltwirtschaftsforum in Salzburg veranstaltet attac am anderen Ende der Stadt einen friedli-
chen Alternativgipfel. Gespenstisch das Riesenaufgebot der
Polizei, die schon alle Straßen und Plätze bewacht, während im prall gefüllten attac-Saal diszipliniert vorgetragen,
zugehört und diskutiert wird. Denn dieser großen Kern-
gruppe der Globalisierungskritiker geht es nicht um Pro-
vokation, Agitation, am allerwenigsten um Krawalle. Die
hier Versammelten wollen in erster Linie – gemeinsam lernen. Da ist vieles, was sie noch besser verstehen wollen.
Warum sind die Finanzmärkte aus den Fugen? Warum
konzentriert sich alles auf das äußere Böse in Gestalt von
Al-Qaida und Saddam Hussein, während das innere Böse
– die Mammutskandale von Korruption, Bilanzfälschun-
gen und Konzernpleiten – schnell wieder von der Tagesordnung verschwinden?

Man möchte meinen, der Terrorist Bin Laden und der
Diktator Saddam kämen gerade recht, um von der gefähr-
lichen inneren Unordnung, von der Destruktivität des aller
Fesseln entledigten Neoliberalismus abzulenken. Das in-
nere Böse verbirgt sich im Lob einer Freiheit, mit der die
Mächtigen die Befreiung ihrer Egoismen aus einer Ord-
nung der Gegenseitigkeit meinen. Sie missachten ihre Ver-
antwortung, das heißt ihre Pflicht zur Sorge um anderes
Sein. Nützt es ihnen, schützen sie die eigene Industrie durch
Importzölle, fördern sie ihre Exporte durch Subventionen.

Die anderen sollen die Last des Klimaschutzes tragen. Wer sonst in der Welt Menschenrechte verletzt, mag von einem Internationalen Strafgerichtshof belangt werden, ausgenommen die Bürger der Supermacht. Hoch die Freiheit! Aber eben nicht Freiheit für alle, sondern als Privileg für diejenigen, die sie als Preis für ihre Machtvorteile den übermächtigten Schwächeren abgerungen haben.

Je deutlicher die Ungerechtigkeiten der Globalisierung hervortreten, um so mehr droht dem sozialen Zusammenhalt Gefahr. Unbehagen steigt auf, da der nunmehr konkurrenzlose, von keinem feindlichen System mehr attackierte Neoliberalismus sich selbst ruiniert, die Börsen abstürzen lässt, nach Argentinien nunmehr auch Brasilien in die Pleite treibt und in den meisten Entwicklungsländern das Elend ewig weiter wachsen lässt. Nur *eine* letzte Chance ist immer noch parat, um die Missstimmung wenigstens vorübergehend zu mildern und den inneren Zerfall aufzuhalten: nämlich den gestauten Unmut eben auf ein äußeres Böses umzulenken.

Das Zusammengehörigkeitsgefühl, das im Dschungel der alle Bindungen zerreißenden ökonomischen Umbrüche, Fusionen, Insolvenzen und sonstigen Unstetigkeiten zu schwinden droht, ist plötzlich wieder da, wenn es heißt, gegen einen bedrohlichen Verfolger gemeinsam Front zu machen. Solcher Bindungseffekt wäre allerdings gar nicht denkbar ohne eine natürliche Sehnsucht der Menschen, einander beizustehen. Es liegt in unserer Natur, uns als Helfer in Notsituationen bewähren zu wollen, in denen uns unser wechselseitiges Aufeinander-Angewiesensein klarer als sonst bewusst wird. Aber dieses Bedürfnis nach einem verlässlichen »Wir« ist manipulierbar. Es lässt sich u. U. umdirigieren zu einem »Wir gegen die Anderen«, zur Eintracht gegen einen Feind. Alle internen Mängel, Versäumnisse, Konflikte zählen da nicht mehr, nur noch der gemeinsame Kampf gegen das Böse außerhalb.

An dessen absolutem Schlecht-Sein ist ebenso wenig noch Zweifel erlaubt wie an dem absoluten Gut-Sein der eigenen Seite. Es gilt nur noch die schlichte Alternative: Entweder ihr seid für uns, die Guten, oder ihr seid für das Böse. Konsequenz: Krieg ohne Ende. Nach diesem Muster musste Präsident Bush weitermachen, als sein Militär in Afghanistan arbeitslos wurde. Der Krieg wechselt nur seinen Schauplatz. Wer ihn aufhalten will und die Reparatur der ungerechten Globalisierung und die Demokratisierung der lenkenden Weltorganisationen für dringlicher hält, muss sich der Sympathie für Al-Qaida und den irakischen Diktator verdächtigen lassen.

Dadurch lässt sich attac aber nicht schrecken. Seine Gruppen treten überall gegen den wahnwitzigen Kriegsgeist auf, der nichts mehr fürchtet, als dass ihm die Feinde ausgehen könnten und dass der Blick wieder auf die liegengebliebenen Probleme auf der eigenen Seite fallen könnte. Aber attac erschöpft sich nicht im Anti, in den Protesten gegen den Dauerkrieg, auch wenn seine Mitglieder überall mitdemonstrieren, wo die Friedensbewegung dazu aufruft. Attac besteht indessen auf der konstruktiven Weiterarbeit auch an *den* Problemen, die im Schatten des Krieges untergehen oder sich sogar in unheilvoller Richtung weiterentwickeln. Attac sagt: Die Welt kann nicht friedlicher werden, solange z. B. die Armutsbekämpfung keine Fortschritte macht. Sogar Außenminister Powell hatte auf dem Weltwirtschaftsgipfel in New York zugestanden: Hilfe zur Behebung der Armut in den Elendsregionen sei für die Austrocknung des Nährbodens für Terrorismus unerlässlich – schöne Worte aus dem Land, das mit seinen Ausgaben für Entwicklungshilfe weit hinter den anderen hinterherhinkt.

Auf seinem Alternativgipfel in Salzburg widmet sich attac diesmal einer speziellen Frage von internationaler Bedeutung, über die zur Zeit fast unbemerkt verhandelt wird. Da geht es um eine weltweit geplante Liberalisierung der Dienstleistungen – Stichwort GATS (General Agreement Trade in Services). Energie- und Wasserversorgung, Bildung, Gesundheit, öffentlicher Verkehr, Post und Telekommunikation und viele andere Dienstleistungen sollen, sofern noch nicht geschehen, privatisiert werden. Folge: Für die Grundversorgung sollen künftig an Stelle des Staates private Konzerne zuständig sein. Was steht dabei auf dem Spiel? Der Staat droht die Kontrolle zu verlieren über Preise, über die mögliche Bevorzugung der Wohlhabenden im Zugang zu bestimmten Leistungen. Weniger Umweltschutz und weniger ArbeitnehmerInnenschutz werden befürchtet, noch mehr Ungleichheiten nicht nur zwischen Nord und Süd, sondern auch innerhalb der einzelnen Gesellschaften.

In Salzburg referiert über diese Probleme Lori Wallach, Direktorin von Global Trade Watch, Washington, insbesondere über die Auswirkungen von GATS auf die Rechte von Arbeitnehmerinnen und Arbeitnehmern. Es ist ein Thema, zu dem attac entschieden die Kritik der Gewerkschaften unterstützt. Zwei Wochen später wird Tony Blair genau zu dieser Frage auf dem Labour-Parteitag eine blamable Niederlage erleiden, nämlich gegen die Forderung der Gewerkschaften nach Überprüfung der umstrittenen Teilprivatisierung öffentlicher Dienste – wie in Kliniken und Schulen.

Ähnlich wie mit der Friedens- und der Umweltbewegung pflegt attac also einen sehr engen Austausch mit den Gewerkschaften. Alle diese Bewegungen spüren, dass attac einerseits von ihnen lernen will, sie andererseits mit eigenen Ideen und Impulsen unterstützen kann. Attacs Grundgedanke lautet: die Globalisierung erfordert, dass die Hauptthemen der Friedens-, Sozial- und Ökologiepolitik zusammen gesehen und in einer großen internationalen Allianz von unten voran gebracht werden müssen. Von unten, weil von hier entschlossener Druck auf die entscheidenden internationalen Institutionen ausgehen muss, die versagen, solange sie einseitig den Herrschaftsinteressen der Konzerne und des Geldes ausgeliefert bleiben. Deshalb geht es bei solchen Alternativ-Veranstaltungen am Ort der diversen Weltgipfel nicht um Show-Effekte, sondern um einen sinnvollen und sinnfälligen Ausdruck der Konfrontation zwischen versagender anonymer Herrschaftsmacht und der nur scheinbaren Ohnmacht des sozialen und ökologischen Erneuerungswillens einer neuen Bewegung.

Zigtausend abschirmende Polizisten demonstrieren die Selbstisolation der ökonomischen Führungselite, in deren Reihen allerdings einige sehr wohl nicht nur die Sprache, sondern auch die Ideen von attac sehr gut verstehen, aber die eigenen Reformwünsche unter dem Zwang ihrer Abhängigkeiten im System nicht durchsetzen können. Noch spielen sie mehr oder weniger unwillig im System mit. Aber manche von ihnen sind dabei so wenig mit sich im Reinen, dass sie psychosomatisch reagieren. Berater und insbesondere einige von uns Psychotherapeuten können ein Lied von den psychischen Zwiespältigkeiten singen, die manche Manager auf hohen Etagen in Blutdruck- oder Herzkrisen, in Schlaflosigkeit, Magengeschwüre oder in trostlose Beziehungskonflikte treiben, weil sie sich als Verantwortungsträger laufend zu sozialen Unverantwortlichkeiten gedrängt sehen.

Lehrreich wäre es schon, die eine oder andere solcher Krankengeschichten zu veröffentlichen, die erkennbar machen, dass sich im Inneren und in der Physis mancher Männer in hohen Führungspositionen in etwa die Unordnung und das Versagen widerspiegeln, an deren Zustandekommen und Weiterwirken sie in ihrem Handeln nicht unmaßgeblich beteiligt sind. Nicht minder aufschlussreich wäre zu hören oder zu lesen, was Berater oder Therapeuten selber innerlich durchmachen, wenn sie in Verschwiegenheit manches mittragen, was sie angesichts der Übermacht des Systems nicht kurieren können.

Aber Therapeuten bleibt immer noch die Möglichkeit, sich nebenher persönlich zu engagieren, etwa wie ich bei attac. Für mich war es eine Freude, auf dem attac-Gründungskongress in Berlin sprechen und jetzt auf dem Alternativgipfel in Salzburg eine kleine Begrüßungsrede halten zu können. Es sind Gelegenheiten, diejenigen zu ermutigen, die auch mich ermutigen.

Beim Schlendern durch die herrliche alte Stadt Salzburg ist mir gerade noch eine Idee gekommen. Während der Bauernkriege hatte sich der damals herrschende Bischof auf die unzugängliche Burgfestung hoch über der Stadt geflüchtet. Daher nun mein Vorschlag, den ich den attac-Freunden kundtue: Die Salzburger sollten sich doch bemühen, das nächste World Economic Forum dort oben auf der Festung zu platzieren. Dann könnte man sich ein paar 1000 Polizisten sparen und überdies vor aller Welt sichtbar machen, wie trostlos ausgegrenzt die Global Players ihre Geschäfte verhandeln, absurderweise abgesondert auch von den Kräften, deren Antrieb und deren kreative Ideen als immer mehr als unentbehrlich erkannt werden müssten, um die Welt allmählich solidarischer und dadurch zugleich friedlicher zu machen.

Heilung der Krankheit Friedlosigkeit

Nach einem Vortrag auf dem Kongress
»Kultur des Friedens«, Technische Universität Berlin,
6.–11. Dezember 2000

Neben allen unterschiedlichen soziologischen und ökonomischen Bedingungen, die jeweils hereinspielen, gibt es
zum Thema Frieden einen *gemeinsamen Aspekt*, nämlich
Friedlichkeit oder Unfriedlichkeit als eine *menschliche
Haltung*. Gleich kommt in den Sinn: Friedlichkeit ist an-
ständig, Unfriedlichkeit ist unanständig. Basta! Folglich
lädt das Thema unmittelbar zu Appellen und Gelöbnissen
ein, zum Aufstand der Anständigen gegen das Schlechte.
Aber insgeheim denken dabei viele, dass Gewalt und Kriege unausrottbare Erscheinungsformen eines angeborenen
Aggressionstriebes, also vielleicht momentan unterdrück-
bar, aber nicht heilbar seien. Das ist falsch.

Konrad Lorenz hat uns belehrt, dass die Männchen
der höheren Tierarten in aller Regel ihre rivalisierenden
Artgenossen nicht töten, weil sie eine instinktive Hem-
mung daran hindert. Und Erich Fromm hat in seinem
Werk »Anatomie der menschlichen Destruktivität« darauf
hingewiesen, dass die Häufigkeit und Grausamkeit von
Kriegen mit wachsender Zivilisation nicht ab- sondern zugenommen hat, während im Falle angeborener Destruktivität als Kriegsursache doch das Gegenteil zu erwarten
wäre. Wenn also beim Menschen die Aggression außer
Kontrolle geraten ist und dieser seine Arterhaltung mit
horrenden Tötungsmitteln bedroht, so kann man das
durchaus eine *Krankheit* nennen, wie es der Physiker und

41

Philosoph Carl Friedrich von Weizsäcker in einem berühmt gewordenen Vortrag getan hat, dem er den Titel gab: »Friedlosigkeit als seelische Krankheit«.

Eine Krankheit ist nicht von vornherein etwas Schmachvolles. Man sollte über ihre Verhinderbarkeit und ihre Heilbarkeit nachdenken, ohne sich gleich in moralischen Kategorien zu verfangen. Man kann ihre Ursachen untersuchen, ohne gleich verdächtigt zu werden, dass man Verstehen-Wollen mit verständnisvoller Billigung oder zumindest Verharmlosung gleichsetze, so wie sich das Vorurteil festgesetzt hat, dass Psychiater mit diagnostischen Analysen alles Schlimme zu entschuldigen geneigt seien. Es gibt in der Tat eine *selbst zu verantwortende*, dennoch neurotische Form von Friedlosigkeit, die deshalb unerkannt und unbearbeitet bleibt, weil sie das eigene latente destruktive Potential gar nicht erkennt, indem sie sich bewusst nur in einer defensiven Position gegen äußere Bedrohung wahrnimmt.

Es ist eine Haltung, die ich verkürzend und vereinfachend als *Anti-Frieden* im Gegensatz zu einem *Pro-Frieden* bezeichne. Eigentlich ist es auch nur einen *Noch-Frieden*, weil die Mine zur Zündung schon bereit liegt. Erlauben Sie mir einen ganz kurzen sprachgeschichtlichen Seitenblick zur besseren Erläuterung der Differenzierung. Das Wort Frieden hat eine doppelte Wurzel. Die eine Komponente verweist auf ein Pro, nämlich durch die Verwandtschaft mit Freude und Freundschaft. Die andere birgt in sich ein Anti, ein Dagegen, im Sinne von Ein-Friedung, von Einzäunung und Schutz gegen draußen. Auf die Praxis angewandt, kommt im einen Fall der Frieden des Vertrauens und der *gemeinsamen* Sicherheit heraus, im anderen der labile *Anti-Frieden*, der eines gepanzerten und möglicherweise waffenstarrenden Misstrauens.

Der klassische Anti-Frieden war der atomare Wettlauf der 80er Jahre nach dem Prinzip, dass nur eine zumindest gleichhohe wenn nicht überlegene Bedrohung des Gegners die eigene Seite vor Vernichtung schützen könne. Der krankhafte Charakter dieses Konzepts veranlasste damals sogar den Generalsekretär der Vereinten Nationen, Perez des Cuellar, von einem *Wahn* zu sprechen. Dies wurde bald zu einem leeren Modewort. Denn ein allgemeiner Zustand, der sich nicht als auffällig von einem kontrastierenden Hintergrund abhob – der war natürlich im statistischen Sinne normal. Aber die Angst, dass er vielleicht doch verrückt und gefährlich sein könnte, bekamen damals wir Friedensärzte und alle Gruppen der Friedensbewegung zu spüren, nämlich in der Abreaktion an uns als angeblichen Panikmachern und vermeintlichen Kommunistenfreunden.

Die psychologische Wurzel des Anti-Friedens ist also ein tiefsitzender *Argwohn*, der aber eben nicht als eigene Disposition durchschaut, sondern ausschließlich von der Gegenseite her begründet wird. Die Verbindung mit den Merkmalen des Ethnozentrismus liegt auf der Hand. Die Krankheit der wechselseitigen tödlichen Raketenbedrohung erwies sich seinerzeit glücklicherweise als therapierbar. Nämlich verhältnismäßig einfach dadurch, dass ein Michail Gorbatschow bereits 1985, noch ohne wirtschaftlich zur Rüstungsschrumpfung gezwungen zu sein, auf einen *Frieden der humanisierten Beziehungen,* also auf einen Pro-Frieden zusteuerte. Er nahm Egon Bahrs Gedanken von der gemeinsamen Sicherheit auf, der uns schließlich alle von dem Horror der eskalierten wechselseitigen Vernichtungsbedrohung befreite. Vorläufig.

Denn die Wahnbereitschaft war damit keineswegs durchschaut oder gar kuriert. Es war nur so etwas wie eine

Symptomheilung, weil dem gewaltbereiten Misstrauen vorübergehend der Feind fehlte, an dem es sich festmachen konnte. Aber der Argwohn benahm sich wie ein Drang, der seine vorläufige »Arbeitslosigkeit« schwer ertrug und deshalb Ausschau nach geeigneten neuen Bedrohungsszenarien hielt. Prompt fand sich dann auch ein Saddam Hussein, später waren es die Clan-Führer in Somalia, schließlich Karadzic und Milosevic, fraglos allesamt rücksichtslose, tyrannische Despoten wie manche andere Diktatoren dieser Welt, jedenfalls böse genug, um gegen jeden die nötige Kriegsstimmung anzuheizen und einen neuen Rüstungsschub zu rechtfertigen. Im boomenden Rüstungshandel hält nach wie vor das Land mit Abstand die Spitze, das am wenigsten gefährdet ist und logischerweise mit eigener energischer atomarer Abrüstung vorangehen müsste. Wer je an der Abartigkeit dieser neurotischen Unfriedlichkeit gezweifelt hat, dem sollten jetzt die Augen aufgehen, wenn er in einer Rede des Ex-Oberkommandierenden der US-Kernwaffen-Streitkräfte General Lee Butler den Satz liest: »Die führenden Politiker der Kernwaffenstaaten laufen heute Gefahr, von künftigen Historikern als ihres Zeitalters unwürdig beurteilt zu werden, … weil sie das nukleare Wettrüsten auf der Erde wieder in Gang gesetzt haben und die Menschheit dazu verdammen, unter dem ständigen Damoklesschwert der Angst zu leben.«

Es lässt sich darüber nachsinnen, ob die Neurose des Anti-Friedens, also die Selbstdefinition als permanentes Opfer von Bedrohungen zur Rechtfertigung eigener Gewaltbereitschaft, nur auf dem einfachen Mechanismus der Projektion verleugneter Aggressivität beruht oder ob diese Haltung nicht aus tieferen Wurzeln gespeist wird, nämlich aus dem Verhaftetsein der Männergesellschaften in jenem mythischen Komplex, der eigentlich die pubertäre Krisenphase der ödipalen Verwirrung charakterisiert, wozu die Phantasie gehört, sich nur durch Bewährung in Szenarien von High Noon- oder James-Bond-Art eigener männlicher Vollwertigkeit versichern zu können. Aber vielleicht greifen Deutungsversuche dieser Art noch zu kurz. Vielleicht haben wir es nach dem Mittelalter immer noch in unseren Völkern mit der Angst zu tun, die verlorene Glaubenssicherheit und Geborgenheitsgewissheit nur ewig im Kampf um neue Siege gegeneinander und über die Naturgewalten kompensieren zu müssen.

Genau diese Sorge, aber auch eine vorsichtige Hoffnung, hat Christa Wolf ihrer Kassandra in ihrem so betitelten Roman in den Mund gelegt. Die warnt die Eroberer von Troja:

»Ich sage ihnen: Wenn ihr aufhören könnt zu siegen, wird diese eure Stadt bestehn.

Der Wagenlenker: Gestatte eine Frage, Seherin. – Frag. – Du glaubst nicht dran. – Woran? – Dass wir zu siegen aufhörn können. – Ich weiß von keinem Sieger, der es konnte. – So ist, wenn Sieg auf Sieg am Ende Untergang bedeutet, der Untergang in unsere Natur gelegt.

Die Frage aller Fragen. Was für ein kluger Mann. Komm näher, Wagenlenker. Hör zu. Ich glaube, dass wir unsere Natur nicht kennen. Dass ich nicht alles weiß. So mag es, in der Zukunft, Menschen geben, die ihren Sieg in Leben umzuwandeln wissen.«

Das hört sich ebenso einfach wie vernünftig an. Aber wenn wir uns umschauen, ist das Siegen-Müssen im weiteren Sinne immer noch ein Grundantrieb unserer neuzeitlichen westlichen Kultur; Siegen nicht nur über andere, sondern auch über die Naturgewalten wie über unsere eigenen Naturanlagen, die unsere Zerbrechlichkeit und Sterblichkeit bedingen. Da haben wir Siege errungen, die uns heute schon zu Prothesengöttern machen, wie Freud einmal geschrieben hat. Genaugenommen ist das Siegen-Müssen schlechthin der Motor unseres Programms von Fortschritt. Es ist ein in unserer westlichen Kultur verankertes männliches Denkmuster, das von einem unersättlichen Bemächtigungswillen und der Phantasie geleitet wird, erreichbar sei eine herrliche Befreiung von allen einschränkenden sozialen und natürlichen Abhängigkeiten. Die Wissenschaft soll uns selbst die Macht verschaffen, die früher einmal unbezweifelt einer göttlichen Instanz zur Vermittlung von Schutz und Versöhnung zugeteilt wurde. Jetzt soll uns die eigene Herrschaft über die Atome und die Gene jene frühere innere Sicherheit wiederzugewinnen helfen. Aber das atemlose Wettrennen um diese Macht verrät die Angst, dass das Ziel einer gottähnlichen Allmacht unerreichbar ist und dass wir dabei mehr und mehr von unserer Menschlichkeit verlieren, die allein uns aneinander bindet, die uns in unseren Herzen zu wechselseitiger Hilfe, zu sozialer Gerechtigkeit und zu einem pfleglichen Verhältnis der Natur gegenüber anhält. Ungehemmter Machtdrang lähmt diese Bindungskräfte nicht nur, sondern weckt in uns auch tiefe Selbstzweifel. Viele spüren diese inneren Zweifel nicht mehr direkt als Schuldgefühle, sondern nur noch als eine diffuse Angst.

Sigmund Freud, Begründer meiner Wissenschaft der Psychoanalyse, schrieb schon 1930: Der Mensch habe jetzt die Naturkräfte soweit in seine Gewalt gebracht, dass er sich mit deren Hilfe bis zum Letzten ausrotten könne. Das mache seine innere Angst, seine Unruhe und sein Unglück aus. Das schrieb er also bereits vor der Erfindung der modernen Massenvernichtungswaffen und der Entwicklung anderer brisanter Risikotechnologien. Genaugenommen ist es ja keine Angst des Menschen vor der Technik, denn die tut ihm ja nichts. Sondern es ist eine Angst *vor sich selbst*, vor der Anmaßung, sich mit gottähnlicher Allmacht auszurüsten und die Ehrfurcht vor dem geschöpflichen Leben aufzugeben. Es ist die Angst vor dem Verlust des inneren Maßes, die ein tiefes Unbehagen weckt. Aber für dieses finden viele keine Instanz mehr, die sie anrufen können, die sie Versöhnung erhoffen lässt. Damit verwandeln sich die diffusen Schuldgefühle in Hass. Es werden Feinde gebraucht, an denen man die eigenen Selbstbestrafungsbedürfnisse abreagieren kann.

Bei unserem wissenschaftlich-technischen Fortschritt, mit dem wir als Menschen eine Art Selbstvergöttlichung anstreben, müssen wir feststellen, dass unser Verantwortungssinn hinter den errungenen Machbarkeiten zurückgeblieben ist. Wir üben mit unseren neuen technischen Mitteln eine Willkür aus, die uns in einzelnen Augenblicken auch schaudern lässt, z. B. wenn wir davon hören und zum Teil im Fernsehen wahrnehmen, wie Hunderttausende von Rindern nur um der Erhaltung des Marktpreises verbrannt werden. Einen Augenblick lang fühlen wir uns schlecht und büßen freiwillig, indem wir – ohne realen medizinischen Anlass – einige Wochen kein Rindfleisch mehr essen. Einen Moment lang wird uns unser gewalttätiges Naturverhältnis bewusst, und da erscheint uns eine Verbraucherschutz-Ministerin wie eine Erlöserin, wenn sie uns die Rückkehr zu einer pfleglicheren und naturschützenden Landwirtschaft verspricht. Das erinnert an die regelmäßigen großartigen Initiativen für Frieden und Völkerverständigung unmittelbar nach schrecklichen Kriegen, z. B. an die Schaffung des Völkerbundes nach dem ersten und die Bildung der UNO nach dem Zweiten Weltkrieg und an die atomaren Abrüstungsschwüre nach dem Ende des Kalten Krieges. Aber es zeigt sich, dass solche Läuterungsphasen kaum lange vorhalten und dass bald wieder Vorwände gefunden werden, um zu einer gewaltträchtigen Machtpolitik zurückzukehren.

Dabei verbirgt sich die Krankheit Unfriedlichkeit, wie Carl Friedrich von Weizsäcker sie genannt hat, mehr und mehr hinter ökonomischen Zwängen. Der berühmte amerikanische Schriftsteller Vidal sagt: Die Rüstungsindustrie der USA, in der mehr Geld steckt als in allen Militärhaushalten der westlichen Länder zusammengenommen, braucht immer wieder Feinde wie Saddam Hussein, Karadzic oder Milosevic zur Rechtfertigung der Unsummen, die sie verschlingt. Die Sorge ist also, periodisch immer wieder so genannte Schurkenstaaten ausfindig zu machen bzw. als bedrohliche Menschheitsfeinde aufbauen zu können, um das eigene Gewaltpotential als Verteidigung zu rechtfertigen und zu erneuern.

Aber es waren Menschen, an erster Stelle Gorbatschow, die uns von der scheinbaren Eigendynamik eines unvermeidlichen atomaren Rüstungswettlaufs befreit haben. Gorbatschows Friedensleistung ist unvergessen. Auch das Beispiel Nelson Mandelas, der aus der gleichen Gesinnung heraus Südafrika vor einem fast schon unvermeidlich erscheinenden blutigen Bürgerkrieg bewahrt hat. Beide Männer haben uns sichtbar gemacht, dass es eine innere Kraft in den Menschen gibt, die sich auch in den schlimmsten gewaltträchtigsten Krisen friedensrettend durchsetzen kann. Wir sollten uns nicht von dem Nachlassen des

Ruhms großer Friedenspolitiker wie Willy Brandt, Gorbatschow und Mandela einschüchtern lassen. Wir sollten solche und ähnliche Gestalten uns immer wieder selbst und unseren Kindern vor Augen halten. Und am wenigsten sollten wir uns durch solche markigen Machtpolitiker irritieren lassen, die Kriegsbereitschaft immer wieder mit heroischer Männlichkeit und tapferem Opfersinn gleichsetzen. Solange wir vor der Sanftmütigkeit und Sensibilität unseres Herzens Angst haben, wagen wir nicht, uns dauerhaft mit dem Geist der Versöhnung und dessen politischen Repräsentanten zu identifizieren. Wir lassen uns dann einreden, wir seien schließlich nicht Christus oder Franz von Assisi, und der Soziologe Max Weber habe recht, dass Gesinnungsethik nicht mehr in diese politische Welt passe. Erst recht passt sie gerade in diese unsere gegenwärtige politische Welt, was im übrigen ja auch kämpferische Qualitäten herausfordert, nämlich jeweils die Auseinandersetzung mit den fundamentalistischen Hardlinern zu bestehen, die im Mut zu Vertrauen immer nur den Kniefall vor Feinden wittern.

Erlauben Sie mir, dass ich noch etwas von der eigenen Erfahrung erzähle. Ich gehöre zu denjenigen, denen das Überleben des Hitlerkrieges, den ich seit meinem 19. Jahr als Soldat mitgemacht hatte, so etwas wie einen Auftrag bedeutete, künftig die gewonnene demokratische Freiheit für die aktive Anteilnahme an der Politik zu nutzen. Wenn Willy Brandt später die Compassion, also das Mitfühlen, als Motto seiner Politik bezeichnete, so war dies auch genau meine entscheidende Erfahrung. Ich schrieb nach dem Krieg eine philosophische Doktorarbeit über den Schmerz und das Leiden, in der ich vor allem die Verbindung von Leiden, Mitgefühl und Helfen untersuchte. Darin steckte so etwas wie ein Versuch, eigene bedrückende Erfahrungen wissenschaftlich aufzuarbeiten. Auf dieser Linie bewegte ich mich dann später auf Willy Brandt mit seiner Politik der Compassion zu. Und so entstanden auch meine Engagements für Arme in sozialen Brennpunkten, für Gefangene und für eine Reform der Psychiatrie. In der ärztlichen Friedensbewegung, die ich in Deutschland mitbegründete, war für mich das Anti der Raketenproteste immer nachgeordnet dem Pro des Brückenschlagen-Wollens. Dabei fand ich überall Weggenossen, nicht nur im eigenen Land, sondern auch schon während des Kalten Krieges in Amerika und Moskau, Weggenossen in allen Schichten. So verfestigte sich in mir die Überzeugung, dass ein solches Engagement bei aller beschränkten politischen Wirkung auf jeden Fall sinnvoll sei, schon auch, um im Austausch miteinander immer wieder zu lernen, wie man sich gegenseitig in der Friedensarbeit unterstützen kann. In seiner Grundsatzrede auf dem Moskauer Friedensforum 1987, wo Gorbatschow die Beendigung des Kalten Krieges einläutete, sagte er wörtlich: »Ich bin der festen Überzeugung, dass die wichtigste Aufgabe der Gegenwart nicht ausschließlich in die Hände der Politiker gelegt werden darf. Denn das ist nicht nur deren Sache!«

Gorbatschow nannte später die Friedensbewegung des Westens eine wesentliche Mitursache für die Überwindung des atomaren Rüstungsproblems. Überhaupt sei eine Sicherung des Friedens im Zeitalter der Massenvernichtungswaffen nur unter aktiver Mithilfe aller gesellschaftlichen Kräfte möglich. Wir dürften die Überwindung des Kriegsgeistes nicht allein der professionellen Politik überlassen. Die Politik benötige als Rückhalt für eine Politik der Menschlichkeit die Mithilfe eines entsprechenden Geistes in der Erziehung, in der Kunst, in der Wissenschaft, in der Rechtspflege und nicht zuletzt in den Kirchen.

Das passte genau zu meiner Überzeugung und zu meinem Engagement. Mir war und ist noch besonders wichtig die gemeinsame Emanzipation beider Geschlechter in der Friedensarbeit – nachdem ich am Engagement meiner eigenen Frau und vieler anderer Frauen erkannt habe, wie notwendig ein weibliches Gegengewicht zur Zurückdrängung neurotischer männlicher Machtkomplexe ist, die eine fatale Mitursache für den Drang nach kriegerischer Selbstbewährung bilden. Diese Feststellung wird auch nicht durch die eine oder andere Politikerin widerlegt, die mit militärischem Ungeist peinlich aus der Art schlägt.

Joseph Weizenbaum, der überragende amerikanische Computerforscher, hat ähnlich wie die Atomphysiker Andrej Sacharow und Hans-Peter Dürr klar gemacht, wie die mit der Technik verbundene neue Naturwissenschaft uns in horrende Kriegsrisiken hineintreibt, wenn es die Gesellschaft an Wachsamkeit fehlen lässt und wenn viele Wissenschaftler nach wie vor ihre soziale Sensibilität von ihrem einäugigen Forscherehrgeiz abspalten und erst im Nachhinein ihre Mitschuld z. B. an der Herstellung unmenschlicher Waffensysteme gewahr werden.

In einem von Gorbatschow begleiteten und betreuten Initiativkreis habe ich von 1987 bis zum Ende seiner Amtszeit eine fruchtbare internationale Friedensarbeit zusammen mit Physikern, Ökologen, Juristen, Raumfahrttechnikern, Ökonomen, Soziologen und Kirchenleuten kennen gelernt, in der uns allen klar wurde, wie wichtig, aber wie schwierig es auch ist, die Zusammenhänge im Prozess der Globalisierung zu verstehen und ethischen Vereinbarungen zu unterwerfen. Aber eines wurde allen klar: Eine von der gesellschaftlichen Basis abgehobene Politik-Kultur ist den neuen globalen und an erster Stelle den friedenspolitischen Herausforderungen nicht länger gewachsen. Deshalb müssen sich die neuen kritischen sozialen Bewegungen reichlich zu Wort melden und sich energisch einmischen, um nicht den Netzwerken unkontrollierter internationaler Machtkonstellationen das Feld zu überlassen. Es muss darüber aufgeklärt werden, dass überall Menschen mit intakter Sensibilität nötig sind, die bei allem, was sie irgendwo tun, die Bedürfnisse der davon Betroffenen bedenken und mitfühlen. Das lässt sich nicht verordnen. Aber in der neu erwachenden Friedensbewegung und bei den sich rasch ausbreitenden Globalisierungskritikern zeigt sich sehr deutlich eine Abkehr von der von Weizenbaum kritisierten Vorstellung, »lediglich eine Figur in einem Drama zu sein, das anonyme Mächte geschrieben haben und sich als weniger als eine ganze Person anzusehen«. Anders gesagt, es meldet sich leise ein mit dem Ganzen verbindendes Verantwortungsbewusstsein zurück. Das kann sich auch nur förderlich auf die Selbstachtung auswirken und damit die Neigung zu Zynismus mindern, der ja meist nichts anderes als die Abwehr von Resignation bedeutet.

Persönlich spüre ich die Ansätze zu einer solchen Wandlung daran, dass die Einladungen von Buchhandlungen, Volkshochschulen, Akademien und Bürgerinitiativen wieder zunehmen, in denen ich ein Interesse wahrzunehmen glaube, dass man nach der Phase der narzisstischen Selbstbetonung und der sozialen Distanzierung Anregungen erhofft, sich wieder mehr nach außen zu öffnen und aktiv am gesellschaftlichen Geschehen teilzunehmen. Frieden ist nicht mehr langweiliges Gutmenschenthema, sondern ein existentielles Anliegen.

Die Medien – wirklich noch vierte Gewalt?

Vortrag vor der Filmakademie Ludwigsburg, 6. Juni 2002

Ende der 70er Jahre. Die nüchterne, technokratische Ordnungspolitik Helmut Schmidts hatte den Ruf nach »mehr Demokratie wagen« verstummen lassen. Die soziale Aufbruchstimmung unter Willy Brandt war passé. Da melden sich eines Tages bei mir zwei politische Redakteure eines deutschen Senders. Sie sind durch den Klimawechsel beunruhigt und wollen wissen, ob es ihren journalistischen Kolleginnen und Kollegen ähnlich ergehe. Sie suchen mich in meiner Klinik auf. Ob ich nicht Lust hätte, diesem Problem eine empirische Untersuchung zu widmen. Sie würden behilflich sein, mir die Adressen aller in Frage kommenden Redakteure zu besorgen. Es war ein mehrfaches Wagnis. Hauptfrage: Würden die zu befragenden Journalisten mitmachen? Zumindest aber sollte sich ein Versuch lohnen. Gemeinsam mit meinem Mitarbeiter Eike Wolff entwickelte ich einen ausführlichen Fragebogen zur Arbeitssituation und zum Befinden, den wir allen Redakteuren des politischen Programmteils des Bayrischen und des Norddeutschen Rundfunks übermittelten, die keine höhere Position als die eines Redaktions- bzw. Abteilungsleiters innehatten. 101 von 191 angefragten Redakteuren schickten den Bogen ausgefüllt zurück – eine befriedigende Beteiligung angesichts des heiklen Themas. Manche andere antworteten in Form von formlosen Briefen.

Bei der Fragebogen-Aktion kam heraus, dass 69 Prozent feststellten, *das Publikum werde von den Sendern politisch bevormundet*. Die Journalisten des Bayrischen Rundfunks schätzten diesen Einfluss noch höher ein als ihre NDR-Kollegen. Journalisten, die sich auf einer Skala eher als links orientiert einstuften, empfanden sich gegen früher stärker von oben kontrolliert und eingeschränkt. Bei denen, die eher nach rechts tendierten, war das nur bei 28 Prozent der Fall. Weitgehend einig waren sich Linke und Rechte darin, dass es mehr als vor sechs Jahren von politischen Kriterien abhinge, wenn ihre Beiträge von oben beanstandet würden. Auch würden Karrierechancen neuerdings viel mehr von der *parteipolitischen Präferenz* bestimmt. Die Linken beider Sender gestanden eine Neigung zu, sich im Umgang mit den Kollegen mehr zu *tarnen*. 66 Prozent der Linken meinten, die Selbstzensur habe an ihrem Sender stark zugenommen. Die Angst der Journalisten sei meist Angst vor der Angst der Vorgesetzten, meinte einer. Die sich eher links einordnenden Redakteure (63 Prozent) äußerten sich besonders unzufrieden mit der Entwicklung am jeweiligen Sender. Sie bemerkten einen Rückgang von Freiheitsräumen, mehr Spannungen im Arbeitsklima und vermindertes persönliches Wohlbefinden.

Der »Spiegel« veröffentlichte die Resultate. Es gab darüber keine besondere Aufregung außer beim Intendanten des Bayrischen Rundfunks. Wo steckten die Verräter, die Nestbeschmutzer, die sich hinter dieser Recherche verbargen? Alle internen Verhöre blieben erfolglos. Einen der Gesuchten habe ich selber später gelegentlich auf dem Bildschirm wiedergesehen – mit zunehmend brav konformistischen Kommentaren.

Das ist über zwanzig Jahre her. Die Hoffnungen auf eine Ost-West-Entspannung waren damals vorläufig auf einen Tiefpunkt gesunken. Der atomare Wettlauf eskalierte. Bemerkenswert ist, dass mehr als zwei Drittel der Journalisten meinten, das Publikum werde von den Sendern politisch bevormundet. Immerhin gab es ein bemerkenswertes Problembewusstsein, so etwas wie eine Krankheitseinsicht. Deshalb das Verlangen nach dieser Untersuchung, was trotz der zugesicherten Anonymisierung der Befunde doch einen beträchtlichen Mut zur Offenheit voraussetzte. Die selbstkritische Erhebung zehrte noch von dem Geist der sozialen 70er-Bewegung, vom Bedürfnis, sich im Austausch miteinander selbst besser zu verstehen, d. h. die eigene Position gemeinsam in einem Gruppenzusammenhang zu klären.

In den 80er Jahren vermehrte sich der Anpassungsdruck auf die Medien. Die wechselseitige atomare Bedrohung verlangte eine uneingeschränkte Parteinahme. Die Abschreckungsdoktrin forderte ja die Bereitschaft, mit der Kriegsdrohung bei entsprechender Herausforderung ernst zu machen, also den Atomkrieg zu wagen, sonst wäre die Abschreckung unglaubwürdig gewesen. Wer dennoch auf Verständigung setzte und atomare Abrüstung forderte, der konnte angeblich nur vom Osten geimpft oder instrumentalisiert sein. Als unsere Ärztebewegung 1985 den Friedensnobelpreis erhielt, schrieb die »Frankfurter Allgemeine Zeitung«: »Wie es in Bonn heißt, sei die Ärztevereinigung im Vorfeld erkannter kommunistischer Frontorganisationen tätig.« Dabei hatte der Verfassungsschutz, wie ich von Innenminister Baum erfuhr, wörtlich »dem Sprechergremium der Ärzteorganisation eine ordentliche Portion Antikommunismus« bescheinigt und berichtet, dass sich die DKP »ohne erkennbaren Erfolg« um Einfluss in der IPPNW bemühe. Natürlich wussten das die FAZ und auch Helmut Kohl, der sich sogar persönlich beim Osloer Komitee beschwerte, sich dort aber eine brüske Abfuhr gefallen lassen musste. Übrigens stand ich damals bereits mehrere Jahre unter Observation und Telefonüberwachung durch den Staatssicherheitsdienst, weil ich geheime Verbindungen zu systemkritischen Ärzten und Bürgerrechtlern der DDR unterhielt. In meiner Stasiakte heißt es mit Datum vom 12. Oktober 1984: »Richter versucht durch Zusammenführung negativ-feindlicher Kräfte eine oppositionelle Bewegung in der medizinischen Intelligenz der DDR zu schaffen.« Dennoch musste man mich im Westen als Sprecher der Friedensärzte der Konspiration mit dem Osten verdächtigen. Denn auch damals galt: Wer nicht für uns ist, der ist für den Feind.

1986 schrieb ich in der »Psyche« einen Aufsatz unter dem Titel: »Amerikanismus, Antiamerikanismus – oder was sonst?«, in dem ich die sich in den Medien widerspiegelnden Ängste der Deutschen vor Amerika-Kritik untersuchte. Ich würde den Aufsatz heute fast genau so schreiben – nämlich zunächst hinweisen auf unsere Dankesschuld im Hinblick auf die Befreiung von Hitler, auf die amerikanische Aufbauhilfe, auf die Beschützung Westberlins anlässlich der Blockade, auf die Nachhilfe bei der Entwicklung demokratischer Strukturen usw. Dann aber erläuterte ich, was ich hier nur in Stichworten wiederholen kann, die Ausfüllung eines schwerwiegenden Identitätsdefizits in der moralischen Nachkriegskrise durch eine psychische Amerikanisierung.

Die erstaunlich rasche Umorientierung auf demokratische Werte und auf amerikanische Denkmuster, Lebensweisen, Musik und Kunst kompensierte die innere Leere, indem das alte Nazi-Über-Ich prompt durch das neue amerikanische, Englisch sprechende ersetzt wurde. »Wir wären doch schon längst so geworden, wie die Amerikaner uns haben wollten, wenn Hitler uns nur gelassen hätte.« Das Volk mit der Tradition einzigartiger Autoritätshörigkeit hatte seine Ergebenheit schlagartig auf die neue Leitinstanz umgekoppelt. Die von amerikanischen Psychologen vorhergesagte vieljährige mühselige Umerziehung schien unnötig durch die prompte Überstülpung einer geborgten Neu-Identität, die lange Zeit eine echte Auseinandersetzung mit dem geistigen Nazi-Erbe verhinderte. Die Angst vor Antiamerikanismus, die heute immer noch vorhanden ist, hängt nach wie vor mit dieser gemeinsamen Selbstunsicherheit zusammen. *Amerikanismus und Antiamerikanismus sind der eine wie der andere Symptome einer Identitätsschwäche, einer Angst vor Selbstverlust – entweder durch trostlose Isolation oder durch Verschlungenwerden.*

Diese Ambivalenz ist noch immer nicht ausgestanden. Ich denke etwa an Otto Schily, der noch 1982 erklärte, jeden Versuch der Loslösung westeuropäischer Staaten von der Vorherrschaft der USA zu unterstützen, und der damals, also 1982, öffentlich erklärte, man solle sich über die Verirrung mancher politischer Gruppen, die gemeinhin als Terroristen bezeichnet würden, nicht so sehr wundern, denn dieser Kleinterrorismus, wie er ihn nenne, sei nur die Spiegelung des Großterrorismus, der die Militärdoktrin der Supermächte bestimme. Heute verliert er die Fassung, wenn einer wie Egon Bahr auch nur die vorsichtigste Kritik an den USA vorbringt.

Eben diese Neigung zu *gnadenloser Intoleranz* bei diesem Thema verrät dem Psychoanalytiker das Weiterbestehen jener Angst vor Identitätsbedrohung.

Noch ein Beispiel aus der persönlichen Erfahrung. Unmittelbar vor Ausbruch des Golfkrieges 1991 flog ich, von Andreas Flitner begleitet, mit einem selbst verfassten Friedensappell, den 500 deutsche Professoren unterschrieben hatten, nach Washington. In beiden Häusern des Kongresses fanden wir interessierte und freundliche Diskussionspartner aus den verschiedenen einschlägigen Ausschüssen. Ein Abgeordneter sorgte dafür, dass unser kritischer Text in das offizielle Tagesarchiv des Kongresses aufgenommen wurde. Keiner unserer politischen Gesprächspartner unterstellte uns Amerika-Feindlichkeit. Und die »Washington Post« druckte den Appell in voller Länge und stellte ihm sogar noch eine Karikatur zur Seite, die unserem Zweifel am Sinn des geplanten Krieges deutlich beipflichtete. Am gleichen Tag übergab der Politikwissenschaftler Andreas Buro auf einer stark besuchten Pressekonferenz in Bonn unseren Text den deutschen Journalisten und den Agenturen. *Nicht eine einzige Zeitung, nicht ein einziger Sender* wagten es, es der »Washington Post« gleichzutun. Wohl weniger aus Sorge, die Amerikaner zu verstimmen als aus verinnerlichtem Gehorsamszwang. Bereits vorsichtige Kritik erschien als ungehöriger Loyalitätsbruch. Diese vorauseilende Ergebenheit hat sich inzwischen, wie sich zeigt, ein Stück weit zurückgebildet, allerdings ständig vom Geruch eines suspekten Antiamerikanismus begleitet.

Inzwischen vermitteln die westlichen Medien ohne besondere nationale Unterschiede im wesentlichen das amerikanische Weltbild. Das ist das Ergebnis einer schwedischen Studie, die das dortige »Amt für psychologische Verteidigung« veröffentlicht hat, das eigentlich mit der Beeinflussung der Bevölkerung im Sinne des Staatsinteresses beauftragt ist. Die schwedischen Untersucher haben speziell die Informationspolitik zu Zeiten des Kosovo-Krieges erforscht. Ausgewertet haben sie vor allem Produkte der schwedischen und zum Teil der britischen Medien. Aber in weiten Teilen dürften die Resultate auch für das übrige Europa gelten. Als Fazit zitiert Reinhard Wolff, der die Studie in der »tageszeitung« bekannt gemacht hat: »Die Unabhängigkeit und die Integrität der Medien in der westlichen Welt sind in der neuen Weltordnung immer mehr zurückgegangen.« Im Kosovo-Krieg habe die Nato mit ihrer Propagandakampagne Presse und Fernsehen vollkommen beherrscht: »Die Medien der kriegführenden Länder verwandelten sich von einem kritischen Kontrolleur der Staatsmacht in eine vierte Waffengattung neben Heer, Luftwaffe und Marine.«

Die Meinung der UCK sei unkritisch wiedergegeben, abweichende Auffassungen seien marginalisiert worden. Im Kosovo-Krieg habe die Nato »den Kampf um die kommunikative Herrschaft« eindeutig gewonnen. Die Journalistinnen und Journalisten seien im Pressezentrum pausenlos zur Füllung ihrer Fernsehprogramme bedient worden, sodass für sie keine Zeit zu eigenen Recherchen übriggeblieben sei. Aber die Tendenz zu einer regelrechten freiwilligen Gleichschaltung sei eindeutig gewesen.

Bemerkenswert ist indessen noch ein Ergebnis in Schweden, das sich auch aus eigenen Erhebungen (zusammen mit Elmar Brähler) ablesen lässt: Zwischen dem Propagandabild der Medien und den durch Umfragen ermittelten Meinungen der Bevölkerung herrschte oft eine erhebliche Differenz. Das Publikum habe, so die schwedischen Untersucher, dem Dauerbeschuss der Nato-Propaganda deutlicher widerstanden als die Medienprofis. Die Bevölkerung habe zu großen Teilen seine Bedenken gegen die Legitimität des Nato-Einsatzes aufrechterhalten, was immer die »Informations-Kriegsführung« ihnen einzureden versucht habe.

Es darf kein Mitgefühl mit dem Feind aufkommen. Die Dehumanisierung der Menschen auf der Seite des Bösen ist die Voraussetzung dafür, gegen sie mit einer Ausrottungsstrategie vorgehen zu können. Mochten einst selbst Begin oder Mandela terroristisch aktiv gewesen sein, der islamische Terrorist als gegenwärtiger Kriegsfeind ist der Böse schlechthin, der Untermensch, eine Plage wie Ungeziefer, das ausgerottet werden muss. Es ist ja inzwischen auch weniger von Terroristen als Menschen, sondern von *dem Terrorismus* wie von einer mörderischen Seuche die Rede, die über die Welt ausgebreitet sei. Das lenkt von der beschränkten Zahl von wenigen tausend Al-Qaida-Verschworenen ab, ermöglicht vielmehr die Vorstellung von verseuchten Völkern, die gemeinsam wie eine Flut des Bösen das Reich des Lichts zu überschwemmen drohen.

Zuerst mochte man an ein Versehen denken, als das Fernsehen die krumm gefesselten rotgewandeten Taliban-Gefangenen zeigte, als sie in ihre Käfige auf Guatanamo getrieben wurden, mit Augen- und Ohrenklappen und dicken Handschuhen, um sie optisch, akustisch und taktil von der Umwelt abzuschotten – eine Form der Folter, die man sensorische Deprivation nennt. Aber das war offenbar keine Panne, sondern offenbar eher die planmäßige Demonstration der Erniedrigung, die diesen vermeintlichen Bestien offenbar gebührte. Inzwischen hört man, dass die Mehrzahl der Guatanamo-Gefangenen anscheinend nichts mit Al-Qaida zu tun hatte.

Man soll nicht mehr den Menschen auf der Gegenseite in die Gesichter sehen. Denn dann könnte man darin ja doch so etwas wie Mitmenschen erkennen. Etwas Vertrautes, etwas, was Mitfühlen erwecken könnte, etwas, was den Gedanken aufbringen könnte, dass mit den anderen irgendeine Verbundenheit da ist. »Sich von Angesicht zu Angesicht gegenüber zu stehen, das bedeutet, nicht töten zu können«, schreibt der französische Philosoph Levinas.

Aber ist dies nicht gerade eine große Chance und zugleich eine Aufgabe des Fernsehens, den Zuschauern wenigstens eine filmische Begegnung mit Menschen auf der Feindesseite zu vermitteln, zur Überprüfung der eigenen Reaktion, der Befremdung, der Abstoßung oder vielleicht doch auch einer Einfühlung? Erst die totale Anonymisierung der zu bekriegenden anderen ermöglicht es, das Bewusstsein der Gegenseitigkeit auszulöschen. Von wem ich keine lebendige Vorstellung mehr habe, der geht mich nichts mehr unmittelbar an. Denn mir fehlt der persönliche Eindruck, den ich dagegenhalten könnte. Nähe ist Verantwortung, und Verantwortung ist Nähe, sagt der bekannte polnische Soziologe Zygmunt Bauman. Der Eindruck von Nähe, den Fernsehbilder von Menschen der Gegenseite vermitteln können, ist für die psychologische Kriegführung unerwünscht. Ich soll nicht die verstümmelten Opfer der Streubomben sehen, nicht in die Augen der Minenverletzten, umso mehr in die fröhlichen Gesichter der vom Taliban-Regime befreiten Frauen, deren Leiden allerdings noch keine Rolle spielte, als die Amerikaner noch kurz vor dem Krieg mit den Taliban über eine Pipeline durch Afghanistan verhandelt hatten. Und ich soll mir einbilden, alle US-Bomben und -Raketen zielten einzig auf Bin Laden und Saddam Hussein und nicht auf Massen Unschuldiger.

Inzwischen sickern Aussagen über ein allem Anschein nach besonders furchtbares Kriegsverbrechen in Afghanistan durch. Jamie Doran, ehemaliger Mitarbeiter von BBC London, hat einen Dokumentarfilm über ein in seinen

Einzelheiten noch nicht vollständig aufgeklärtes Massaker bei Masar-i-Scharif hergestellt. In einem Bericht dazu heißt es, dass bisher der Verbleib von mehreren tausend gefangenen Taliban-Soldaten unbekannt sei. Nach Zeugenaussagen wurden 25 Container-Lastwagen in der Festung Kalai Zeini mit zusammengepferchten Gruppen von Gefangenen für einen Transport zum Gefängnis Schiberghan beladen. Es hieß, dort sollten sie von US-Experten verhört werden. Etwa 200 Mann saßen in jedem Container. Mehrere Zeugen erzählen, dass in zahlreiche Container hineingeschossen worden sei, angeblich, um den Insassen mehr Luft zum Atmen zu verschaffen. Aber später habe man die Schusslöcher vor allem im unteren Teil der Container gefunden. Und verschiedene Beobachter haben Blut aus den Löchern fließen sehen. Dann habe man manche Lkws tagelang stehen lassen, in denen die noch nicht getöteten Gefangenen erstickt oder verdurstet seien. Jedenfalls kam in dem für maximal 500 Insassen vorgesehenen Gefängnis offenbar nur noch eine geringe Zahl lebend an. Angeblich haben amerikanische Soldaten dafür gesorgt, dass die Toten weggeschafft wurden, um sie vor Kameras zu verbergen. Mehrere Zeugen erzählen von amerikanischen Soldaten, die gefangene Taliban persönlich getötet hätten, z. T. als Abschreckung, um andere zum Reden zu zwingen. Der amerikanische Menschenrechtler Andrew Mc Entee, ehemaliger Vorsitzender von Amnesty International, sagte: »Meines Erachtens ergibt sich aus den vorgelegten Beweisen eindeutig, dass eine umfassende unabhängige Untersuchung unabdingbar ist. Man hat die Gefangenen umgebracht und ihre Leichen verschwinden lassen.« Dies seien auch nach US-amerikanischem Recht Verbrechen.

Nach Vorführung einer Kurzfassung des Films von Jamie Doran vor dem Europäischen Parlament in Straßburg ist wiederholt eine Untersuchung verlangt worden, vor allem auch zur Beweissicherung in einem bekannten Massengrab. Dann ist es um die Sache schon wieder verdächtig still geworden. Der Berliner »tageszeitung« gebührt das Verdienst, einen großen Dokumentarbericht von Jamie Doran aus »Le Monde diplomatique« auf deutsch veröffentlicht zu haben. Aber wo bleiben die übrigen Medien, die in Sebrenica so unnachsichtig nach der Aufdeckung der Wahrheit verlangt haben? Sind es die Tausende von vermissten Taliban weniger wert, dass man ihr Schicksal aufklärt und die Verantwortlichen für mögliche Verbrechen ermittelt? Dass gewissen Kreisen nicht gerade an solchen Nachforschungen gelegen ist, leuchtet ein. Aber die Medien haben den Ruf zu verlieren, den ihnen Watergate einst verschafft hat. Sie müssen auf einer Enthüllung bestehen, die Schlimmes ans Licht bringen mag. Denn viel schlimmer noch wäre der Verrat an der Aufklärungspflicht unter Verleugnung einer der in demokratischen Gesellschaften mit am höchsten geachteten Freiheiten.

Fast drei Jahre gab es in Israel/Palästina so gut wie keinen Terrorismus, als die Vereinbarungen von Oslo die Palästinenser mit der Hoffnung erfüllten, bald in einem geachteten selbständigen Staat mit Ost-Jerusalem als Metropole leben zu können. Noch heute gibt es friedensaktivistische Gruppen auf beiden Seiten, die aber auf der Medienbühne kaum erscheinen, weil sie beiderseits unter Verratsverdacht stehen und obendrein daran gehindert werden, sich zu gemeinsamen Veranstaltungen zu treffen.

Hier aber erwächst nun für die Medien eine wichtige

Aufgabe. Wenn sie immer nur die Wechselwirkung von blutiger Gewalt beleuchten, von Selbstmord-Anschlägen und militärischer Rache, versäumen sie es, die sich verstärkenden friedensaktivistischen Gegenkräfte sichtbar zu machen, von denen ein konstruktives Umdenken ausgehen kann und muss. Da gibt es auf beiden Seiten in Nahost gute, glaubwürdige Gesichter und auch Ideen für ein Zusammenleben beider Völker in Ebenbürtigkeit und Gerechtigkeit und wechselseitiger Achtung für die Geschichte der Leiden der jeweils anderen. Für das Fernsehen wäre es wichtig, gerade diese Menschen, die für die Wiedererweckung des Geistes von Oslo von großer Bedeutung sind, immer wieder vorzuzeigen und zu Wort kommen zu lassen. Wenn die Medien ihre Rolle als vierte Gewalt ernst nehmen, dann dürfen sie sich nicht für die psychologische Kriegsführung missbrauchen lassen, sondern müssen mutiger den Kräften zur Seite stehen, die Brücken über den Abgrund des Hasses zu schlagen versuchen.

Dabei geht es nicht um die Befriedigung von Gutmenschenträumen, sondern um den einzigen realistischen Weg zur Beendigung der Verschlingung von Gewalt und Gegengewalt. Aber dazu ist eben, wie Zygmunt Bauman feststellt, menschliche Nähe nötig. Und da ist von den Medien eben Mut gefordert, geistige Wiederannäherung zu fördern, anstatt gefügig die psychologische Infrastruktur der Kriegsbereitschaft zu stabilisiereen. Und da ist es der erste Schritt, auf der Gegenseite auch und vor allem die Menschen zu zeigen, die befähigt und willens sind, den abgebrochenen Dialog über die Abgründe von Hass und Rachewünschen hinweg aufzunehmen.

Es mag so aussehen, als unterschätzte ich die Zwänge in der Medienindustrie, die zu den eingangs geschilderten

Reaktionen von Anpassung und Selbstzensur führen. Als wüsste ich nicht um die nötigen Gefälligkeiten zur Erschließung der Top-Informationsquellen. Als übersähe ich die Abhängigkeit von den Quoten. Aber gerade deshalb sollte man auch hellhörig sein nicht nur dafür, was von *oben* kommt, sondern gerade auch dafür, was sich *unten* bewegt. Sonst wird man u. U. von neuen Gedanken überholt, die sich in der Stille ausbreiten. Das passierte seinerzeit, als die Grünen das von oben noch kaum beachtete Umweltthema auf die Tagesordnung setzten. Jetzt haben wir den geradezu rasanten Zuwachs der globalisierungskritischen Bewegung attac, die quer zu den etablierten Parteien steht. Attac saugt viel von den vorhandenen, aber von Verkrustung und Resignation angekränkelten klassischen Basisbewegungen für soziale Gerechtigkeit, Frieden, für Gewerkschaftsrechte, für Frauen und Umwelt auf, aber dringt gleichzeitig, anders als die altbekannten Organisationen, sofort auch mit seinen Initiativen in die Institutionen vor, wo helle Köpfe genau diese Ansätze von unten begrüßen, um für die eigenen, durch strukturelle Zwänge gehemmten demokratischen Reformimpulse neue Schubkraft zu gewinnen. Wenn die Medien hier den Anschluss verlieren, werden nicht nur sie vom Leben bestraft, sondern uns allen kann ein wichtiger Ansporn entgehen.

Wenn nicht alles täuscht, steuert Washington nun einen neuen Irak-Krieg an, da der gigantischen gegen die Taliban angeworfenen Militärmaschinerie Arbeitslosigkeit droht und Saddam Hussein als Ersatz für den entschwundenen Bin Laden konkurrenzlos für die Rolle des Weltschurken passt. Schon bieten sich die Medien an, aus den miteinander verfeindeten Saddam Hussein und Bin Laden eine terroristische Allianz zu konstruieren und dem Irak eine durch nichts bewiesene Weltdrohung anzudichten. Ab sofort wird man nicht mehr die Gesichter der irakischen Kinder zu sehen bekommen, deren Sterblichkeit als Folge der amerikanischen Sanktionen um ein Mehrfaches angestiegen ist. Und man wird Horrorszenarien ausmalen, um die kriegerische Verteidigung der USA gegen eine tödliche Gefährdung durch einen »waffenstarrenden Irak« zu begründen. Aber wenn die Medien sich wieder so benehmen würden, wie es ihnen eine staatlich finanzierte schwedische Studie nach dem Kosovo-Krieg bescheinigt hat, nämlich als vierte Waffengattung neben Heer, Marine und Luftwaffe – dann könnten sie vollends den Kontakt mit einem wachsamen Teil der Bevölkerung verlieren, der allmählich eine Resistenz gegen die Verdummungskampagne der Informationskrieger entwickelt.

II.

Lernen aus der Erinnerung

Jugend unter und nach Hitler

Vortrag in der Rathaushalle Bremen, 27. September 2002

Was Vertreter meiner Generation an die Jüngeren weitergeben können, sind eigene Erinnerungen an das Geschehene, an das persönlich Mitgemachte und Überlegungen zur Verarbeitung innerer und äußerer Verwicklungen. Was die Jüngeren daran interessiert, womit sie sich persönlich auseinandersetzen und was sie etwa daraus lernen wollen, das müssen sie selbst bestimmen.

Meiner Kriegsgeneration fällt es schwer, die eigenen Erfahrungen aus der Hitlerzeit verständlich zu machen, weil *ein* Punkt darin uns selber nachträglich schwer verständlich ist. Das ist das Leben in einer entmündigten oder selbstentmündigten Gesellschaft, die sich wehrlos, ja zu einem erheblichen Teil begeistert einem Führer ausgeliefert hatte, der wie eine Heilsgestalt mit Allmachts- und Unfehlbarkeitsvorstellungen regierte. Es war das Leben wie in einer Sekte, in der offene Kritik automatisch Stigmatisierung, wenn nicht Ausgrenzung nach sich zieht.

Ich habe mich immer wieder mit dem schwer zu erforschenden Phänomen beschäftigt, dass ein Großteil der Menschen mit einer Gehorsamkeitsbereitschaft behaftet ist, die wenig durchschaut wird, aber im Ernstfall unter suggestivem Druck fähig ist, alle noch so vernünftigen moralischen Vorstellungen zu durchbrechen. Es sind sehr komplizierte Vorgänge, wenn die Masse eines Volkes eine Führergestalt so idealisiert, dass sie an diese letztlich ein Großteil der Selbstverantwortung abtritt und sich erst wohlfühlt, wenn sie sich im Einklang mit dieser Gestalt und ihren Ideen fühlt. Das ist unter Hitler in extremem Grade geschehen. Aber man hüte sich davor, dieses massenpsychologische Phänomen als einmaligen Sonderfall zu betrachten.

Nun möchte ich von mir und meiner Familie erzählen. Mein Vater war 50 Jahre, als ich 1923 geboren wurde. Meine Mutter war 18 Jahre jünger. Mein Vater war auf dem zweiten Bildungsweg als Ingenieur zu Siemens gekommen, wo er als ideenreicher Erfinder Karriere gemacht hatte. Er hatte ein Standardwerk über Feinmechanik geschrieben und es bis zum Abteilungsdirektor gebracht. Er war ein schweigsamer Mann, der meist an den Wochenenden stundenlang am Schreibtisch saß und grübelte. Ich weiß immerhin, dass er unter Druck geriet, weil er als Betriebsführer mit über 3.000 Mitarbeitern dem Zwang widerstand, in die Partei einzutreten. Er ließ sich nicht darin beirren, sich von jüdischen Ärzten behandeln zu lassen und immer wieder mit Hochachtung von jüdischen Forschern auf seinem Gebiet zu sprechen.

Aber ich erinnere mich, dass ihn Hitlers Wirkung auf das Selbstgefühl der Siemens-Arbeiter beeindruckte. Eines müsse man den Nazis lassen, so sagte er: Viele Arbeiter in seinem Betrieb fühlten sich nun tatsächlich als wichtige Teile des Volkes und dächten nicht mehr vorwiegend daran, ihre materiellen Befriedigungen zu erhöhen. Hitler habe ihnen beigebracht, für Deutschland von Bedeutung zu sein. Persönlich aber war meinem Vater die Politik des Säbelrasselns und der Wiederaufbau einer militärischen Elite zuwider. Ihm war noch vom Ersten Weltkrieg her, in dem er nicht als Soldat mitgemacht hatte, jeglicher Militärgeist suspekt. 1936 gehörte mein Jahrgang zu denen, die zur Eröffnungsfeier der Olympiade in Berlin eine große

Festvorführung mit Tänzen vorbereiteten. Mein Vater erlaubte mir nicht daran teilzunehmen. Nachträglich habe ich meine Klassenkameraden beneidet, die von diesem Unternehmen schwärmten, vor allem auch wegen der daran beteiligten Mädchen.

Ich gehörte eine Weile pflichtgemäß dem Jungvolk und dann der HJ an, wo ich der Motor-HJ beitrat. Da lernte ich Motorradfahren. Aber es war ganz in meinem Sinne, dass mein Vater es dank seiner Freundschaft mit einem Stadtschulrat erreichte, mich zwei Jahre vor dem Abitur von der HJ beurlauben zu lassen. Wie genau die Begründung mit besonderen schulischen Belastungen lautete, weiß ich nicht mehr und wollte ich vielleicht auch nicht wissen.

Begeisterung für die Ziele des Nationalsozialismus und für den militärischen Geist der HJ konnte ich nie aufbringen. Aber ich war mir nicht sicher, ob es nicht vielleicht ein Defizit an Männlichkeit sei, mich nicht gut mit dem Ideal des Militarismus identifizieren zu können. Immerhin stand mir eine spezielle Kompensation zur Verfügung. Ich war sportlich nicht nur begabt, sondern sehr ehrgeizig und auch erfolgreich. Ich spielte leidenschaftlich gern Fußball, und ich erinnere mich, dass ich bereits als Siebenjähriger ein Klassenspiel zwischen unserer und einer Parallelklasse organisiert habe. Später als älterer Gymnasiast war ich Spielführer der Handball-Schulmannschaft. Und da der Sport als Wehrertüchtigung sehr anerkannt war, genoss ich in der Jungen-Gruppe doch einige Achtung.

Übrigens fiel unsere Schule insofern aus dem Rahmen, als Sprösslinge wohlhabender jüdischer Familien einen erheblichen Anteil der Schülerschaft bildeten. Den Lehrern war der langjährige Umgang mit dieser überwiegend sehr gebildeten Schicht anzumerken. Es gehörte zur Kultur der

Anstalt, die jüdischen Schüler nichts von Diskriminierung merken zu lassen. Auch wir Jungen waren kreuz und quer miteinander befreundet. Ein paar Lehrer mit Parteiabzeichen, der eine sogar SA-Mitglied, fanden mit gelegentlichen partei-ideologischen Sprüchen wenig Anklang. Der Schuldirektor, ein markiger Nazi, verbreitete um sich manche Ängste. Es hieß, es gäbe in den Klassen Abhöreinrichtungen. Ansonsten war er das Ziel spöttischer Witze. Aber es geschah auch etwas Unheimliches. Nach den Ferien oder auch mitten im Schuljahr verschwand der eine oder andere jüdische Schüler. Es sickerte durch, dass die Familie geflüchtet war. Meine Eltern sagten dazu einmal: Wahrscheinlich ist es gut für die, wer weiß, was ihnen hier noch bevorstände. Später habe ich mir Vorwürfe gemacht. Warum haben wir in der Klasse dazu nichts gesagt?

Als es auf das Abitur zuging, hatten wir drei Optionen:

- Meldung als Offiziersanwärter. Dann wurde das Abitur geschenkt, und die Betreffenden konnten ein halbes Jahr vorher die Schule verlassen.
- Meldung als Kriegsfreiwilliger. Dann konnte man sich die Waffengattung aussuchen.
- Normales Einrücken zum Kriegsdienst, ohne Möglichkeit, die Waffengattung auszuwählen.

Ich entschied mich für die Option zwei und rückte nach einem Vierteljahr Arbeitsdienst im Oktober 1941 zur leichten motorisierten Artillerie ein. Hitler hatte in einem Blitzfeldzug Frankreich besiegt. Dänemark und Norwegen waren besetzt. Der Angriff gegen Russland hatte große Fortschritte gemacht. Noch gab es nirgends militärische Rückschläge.

In meinem Abiturzeugnis stand: Richter will Arzt werden. Eigentlich lag mir Philosophie am nächsten. Aber ich hatte auch Interesse für Medizin. Mein Vater hatte mir klar gemacht, dass ich meine Neigung zu praktischem Helfen doch gut mit Philosophie verbinden könnte. Der Krieg würde den Bedarf an Ärzten ohnehin erhöhen. Es war, als hätte er bereits geahnt, dass ich schon zwei Jahre später von der Eintragung in mein Abiturzeugnis nützlichen Gebrauch würde machen können.

In der drakonischen Rekrutenzeit kam mir meine Begabung zu ausgeprägter Selbstbeherrschung zugute. Ich konnte mein Inneres gut verbergen. In der knappen freien Zeit las ich Platonische Dialoge und Romantische Literatur. Die sadistischen Torturen des Rekrutenschliffs konnte ich mit äußerer Anpassung erdulden, ohne die damit verbundene Entwürdigung an mich heranzulassen. Nichtsdestoweniger litt ich natürlich darunter. Es ist nachträglich kaum verständlich zu machen, wie konsequent diese so genannte Ausbildung darauf ausgerichtet war, jedes kritische Denken auszulöschen und reine Gehorsamsmaschinen zu produzieren. Jede kritische Äußerung war mit Kriegsgericht bedroht. Wenn Exerzier-Kommandos nicht befolgt wurden, hieß es: Hinlegen, Auf marsch, marsch, Hinlegen, Strafexerzieren mit Robben im Dreck, Gewehr in Vorhalte, dabei singen unter der Gasmaske – das gehörte zum Alltag. Gewöhnung an die unsinnigsten Befehle und Hinnahme demütigender Beschimpfungen, all das diente zur Anerziehung einer mechanischen, wehrlosen Gefügigkeit. Das Unsinnige war das Charakteristikum des Systems.

Obwohl die Rekruteneinheit im zweiten Ausbildungsteil ausschließlich aus Abiturienten bestand, sollten alle lernen, vor Konfrontation mit der Grausamkeit des Krieges jegliche Verantwortung an die militärische Führung abzutreten. Die Kriegsmaschine brauchte gedankenloses Funktionieren. »Das Denken überlassen Sie mal den Pferden!« war eine gängige Zurückweisung, wenn man auch nur den Anschein erweckte, irgendeine blödsinnige Anordnung nicht zu verstehen. Wer seine Empfindsamkeit nicht gegen diesen Terror abschirmen konnte, litt fürchterlich. Ein Stubenkamerad versuchte, sich mit dem Dolch des Seitengewehrs den Bauch aufzuschneiden. Viele andere lernten aber wie ich eine innere Abspaltung, die freilich auch Gefahren enthielt. Man bot den quälerischen Manipulationen weniger Reibungsfläche durch äußere Anpassung und dachte bei sich: Ich habe in mir noch eine andere Welt, an die kommt ihr nicht heran, und die erhalte ich am Leben in meiner Lektüre, in meiner Korrespondenz mit Familie und Freundin, und die wird mich bald wieder bestimmen, wenn ich von diesem Zwängen wieder frei sein werde.

Ohne eingeimpfte Abstumpfung der Tötungshemmung – ich kam mit 18 nach Russland – kann man junge Männer nicht in den Krieg schicken. Kämpfen an der Front bedeutet immer eine partielle Dehumanisierung. Denn man wird gezwungen, auf Menschen zu schießen, die nicht die eigenen Feinde sind. Aber wie ist es, wenn einmal befohlen wird, auf Zivilisten zu schießen? Zum Glück wurde ich während des halben Jahres meines Fronteinsatzes in Russland niemals aktiv oder auch nur als Zeuge mit einer verbrecherischen Erschießungs-Situation konfrontiert. Das wäre dann eine Probe gewesen, die innere Abspaltung zu überwinden und sich zu widersetzen. Aber auch ohne diese Herausforderung erlebte ich dann, als wir auf dem Vormarsch die Folgen unseres Geschützfeuers erkannten, das in beschossenen Dörfern nicht nur russische Soldaten, sondern auch Frauen und Kinder traf.

Ich phantasierte: Der Krieg wird schnell zu Ende gehen.

Und dann werde ich mein eigentliches Leben fortsetzen. Ich werde dann bald einmal dieses Land mit seinen wunderbaren Landschaften und den Menschen besuchen, die mir da und dort begegneten. Menschen mit großer Offenheit, die natürlich Angst vor uns hatten, dennoch mit uns viel freundlicher waren, als wir es verdienten. Ich wollte diesen Menschen näher kommen. Und sie sollten auch mich anders zu sehen lernen als jetzt in der Rolle des gezwungenen Angreifers.

Das Frühjahr kam. Wir wurden aus dem Norden in den Mittelabschnitt verlegt. Offensive bei Kursk, Vorstoß bis zum Don. Gerade 19 geworden, kämpfte ich zunächst vor allem darum, in dem Inferno von Gewalt die Selbstkontrolle nicht zu verlieren. Der Irrsinn, in dem ich mitfunktionieren musste, um nicht unterzugehen, erlaubte nicht, darüber nachzudenken. In immer neuen Stellungen mit dem Rundblickfernrohr die Richtung des Geschützrohrs einzustellen, meist auf mehrere Kilometer entfernte Ziele, aber zwischendurch auch direkt auf durchgebrochene Russenpanzer zu schießen, das lief wie mechanisch ab. Laute Befehle, Flüche, Schreien und Wimmern von getroffenen Kameraden, dann wieder vorwärts rollen zur nächsten Stellung, manchmal ohne Deckung, weil der Hauptmann sich besonders kühn zeigen wollte und aufs Ritterkreuz scharf war. Sich hinwerfen bei Tiefflieger-Angriffen. Zum Schlafen Löcher graben, in die bei Regen Morastbrühe hineinlief. Aber Schlafen funktionierte immer, wenn gerade nichts los war. Auch der Magen blieb in Ordnung, nachdem ein Gewöhnungsprozess abgelaufen war, der das Sensorium abgeschaltet hatte. Der Lärm der Stalinorgeln, die Bilder der Toten und der Zerstörungen drangen nicht mehr in die Tiefe. Auf die Überschwemmung mit Unerträglichkeiten reagierte der Organismus mit automatischer Abschaltung vieler für das unmittelbare Überleben entbehrlicher Reaktionen.

Genau auf diese entmenschlichende Abstumpfung hatte uns der Rekrutendrill vorbereiten sollen. Das verstand ich jetzt. In klaren Momenten erschrak ich über mich selbst. Wenn es irgend ging, las ich möglichst jeden Tag in einem ruhigen Moment in einem meiner kostbaren Reklambändchen Hölderlin oder Platon oder in einem Feldpostbrief – um zu spüren, dass ich noch etwas anderes war als ein abgestumpftes Kriegswerkzeug. Diese Erniedrigung von Menschen in dem Gemetzel des systematischen Tötens ist anderen kaum zu vermitteln, nämlich wie halberwachsene Jugendliche unfähig gemacht wurden, gegen diese aufgezwungene Barbarei aufzubegehren.

Ich habe in jenen Frontmonaten in Russland keinen getroffen, dem der Sinn danach stand, für eine große Sache oder für Hitler das Leben aufs Spiel zu setzen. Angeschmiert und ausgeliefert kamen sich die meisten vor, ohne Aussicht, dem Grauen zu entgehen. Mein anfänglicher Traum vom baldigen Kriegsende und einem späteren touristischen Russlandbesuch war bald verflogen. Wie viele um mich zweifelte ich zunehmend daran, dieser Hölle je lebendig entkommen zu können. Keinen Moment ahnte ich, dass ich als einer der ganz wenigen meiner Armee dazu bestimmt war, Stalingrad zu überleben und dass ich dreieinhalb Jahre später aus dem Kriege zurückkehren würde, unreif, zugleich vorgealtert und angefüllt mit einer Last furchtbarer Erinnerungen.

Mehrmals hatte ich später versucht, den drei Kindern etwas von meinen Russlandkrieg-Erlebnissen zu erzählen. Aber jedesmal hatte ich bald gestockt. Was war davon erzählbar? Doch nichts von dem echten Grauen, wie es Steven Spielbergs Antikriegsfilm »Der Soldat James Ryan« einigermaßen getroffen hat. Und das Menschliche, was man Kameradschaftsgeist nennt, das Einstehen füreinander, manche verwegene Hilfeleistungen, Augenblicke spontaner Humanität, kurze anrührende Begegnungen mit russischen Bauern, Frauen und Kindern? All das konnte wieder täuschend klingen in der Falschheit des Ganzen – nach echten Idyllen oder spannenden Abenteuern, so wie man meine Generation einst auf der Schule betrogen hatte mit den Heldengeschichten des ersten Weltkrieges: Langemarck, Verdun, Fort Douaumont, Somme, Ypern, und mit Ernst Jünger: »Der Krieg ist unser Vater, er hat uns gezeugt im glühenden Schoße der Kampfgräben als ein neues Geschlecht, und wir erkennen mit Stolz unsere Herkunft an.« Bei jedem Satz, den ich Zuhause beim Erzählen vom Krieg herausbrachte, war ich unsicher, ob man mich nicht missverstehen würde. Dabei lag mir so vieles davon auf der Seele. Selbst wenn ich mal wiederzugeben versuchte, was ich gesehen, gehört und gemacht hatte, so war das ja immer nur die eine Seite. Die andere, die Angst, die Spannung hinter der Selbstbetäubung, der Ekel, der Zynismus als Abwehr von Verzweiflung, das ließ sich ohnehin nicht beschreiben. Eine ungefähre Ahnung davon, was da psychisch abläuft, kann ein Film wie »Der Soldat James Ryan« aufkommen lassen. Aber gerade deshalb haben sich viele aus der mittleren Generation den Film nicht zumuten wollen. Was sie über die ersten zwanzig Minuten von der Schlacht an der Normandie-Küste gehört oder gelesen hatten, erschien ihnen zu schrecklich. Verständlich, aber schade. Denn so sieht militärisches Gemetzel in purer Form tatsächlich aus. Und das sollte im Kopf haben, wem eingeredet wird, dass Krieg wieder zur Normalität gehöre.

Am schlimmsten habe ich den Krieg erlebt, als wir im Sommer 1942 über den Don übersetzten und einen Brückenkopf bei Woronesh errichteten. Die Russen erwarteten uns und überschütteten uns mit mörderischem Feuer, ähnlich wie es den Amerikanern 1944 bei der Landung in der Normandie erging. Wir hatten furchtbare Verluste. Ich dachte, es wäre das Ende. Aber ich kam davon. Auf dem Vormarsch nach Stalingrad erkrankte ich später an einer Diphterie und anschließend an einer schweren Polyneuritis, die mit Hirnnervenlähmungen begann. Ein kundiger Truppenarzt fand auf Anhieb die korrekte Diagnose und schickte mich in ein deutsches Lazarett zurück.

Dort erlebte ich am Radio den Untergang meiner Armee, die Hitler in wahnhaftem egomanischen Starrsinn einem vermeintlich heroischen Schicksal auslieferte. Für mich ein untrüglicher Beweis für die Verantwortungslosigkeit dieses Mannes. Ich empfand große Dankbarkeit für meine Rettung. Aber es war auch eine dumpfe Scham dabei, als wäre das mir zuteil gewordene Los unverdient.

Nach langsamem Abklingen meiner polyneuritischen Lähmungen konnte ich von der Artillerie zu einer medizinischen Studentenkompanie überwechseln und sogar von 1943 bis Herbst 1944 studieren. Dann schickte man mich als Feldunterarzt noch einmal an die Front nach Italien. Dort desertierte ich kurz vor Kriegsende und floh mit zwei Freunden aus der Gegend von Bologna durch Südtirol bis zu einer Berghütte in Nordtirol in den Stubaier Alpen. Dort verbargen wir uns mit Unterstützung eines mir von früher vertrauten Bergführers vor den bald einrückenden amerikanischen, später vor den französischen Truppen, die den Amerikanern nachfolgten. In meinem Buch »Wanderer zwischen den Fronten« habe ich unsere Flucht über die immer noch verschneiten Berge und meine später dennoch erfolgte Ergreifung durch die Franzosen geschildert, die mich als vermeintlichen Wehrwolf für ein halbes Jahr in Innsbruck einsperrten.

Januar 1946 endlich entlassen. Heimkehr nach Berlin. Unser Mietshaus halb zerbombt. Fremde Menschen starren mich an der Wohnungstür an. Ich galt als vermisst, höre ich. Meine Eltern im Sommer 1945 von betrunkenen Russen ermordet, als die Mutter sich gegen Vergewaltigung gewehrt und der Vater ihr beigestanden hätte. Dass meine engeren Schulfreunde gefallen waren, wusste ich schon. Verwandte gab es nur in Südamerika. Keiner da, der sich über meine Heimkehr hätte freuen können. Eine Lungenentzündung brachte mich ins Krankenhaus. Dort wäre ich am liebsten länger geblieben, weil ich zunächst keinen Antrieb mehr in mir verspürte. Ich simulierte eine Gehstörung, um noch ein paar Tage Gepflegtwerden rauszuschlagen.

Aber dann fasste ich mich. Ich konnte in die elterliche Ruinenwohnung einziehen und erkämpfte mir ein Stipendium zum Weiterstudieren an der Berliner Humboldt-Universität. Zwei einschneidende Erfahrungen erfüllten mich mit neuem Mut. Die eine war ein Geschenk, nämlich die baldige Begegnung mit Bergrun, der Frau, mit der ich seit nunmehr 56 Jahren tief verbunden bin. In ihrer Familie erfuhr ich eine ganz wichtige politische Nachhilfe. Bergruns Eltern waren 12 Jahre eng mit Widerstandskreisen verbunden gewesen, laufend von der Gestapo observiert, mein Schwiegervater als Pädagogikprofessor und religiöser

Sozialist aus dem Beruf vertrieben. Jetzt immer noch von Verfolgungsideen geängstigt. Überall witterte er weiterhin Gestapo. Als seine Lieblingstochter hatte Bergrun lange mit ihm mitgelitten. Es war eine Erfahrung, die sie wie eine Botschaft in unsere Beziehung mitbrachte, was uns allerdings erst später bewusst wurde.

Die zweite für mich ganz wichtige Kraftquelle kam nicht von außen, sondern von innen. Sie eröffnete sich mir durch eine philosophische Doktorarbeit, die ich neben der Fortsetzung meines Medizinstudiums in Angriff nahm. Ich suchte mir als Thema den Schmerz aus. Dabei wollte ich herausbekommen, wie maßgebliche Denker der Geistesgeschichte Schmerz und Leiden in ihr Menschenbild eingeordnet hatten. Aber mehr oder weniger bewusst oder unbewusst leitete mich zugleich ein analytisches Selbsthilfe-Interesse. Es ging mir um meine eigene Verzweiflung, um das Tragen meiner Verluste, zugleich um die Auseinandersetzung mit der moralischen Katastrophe, in die ich mitverantwortlich verflochten war. Daher auch die Sprachlosigkeit nach außen. Die Pflicht, über selbst erlittene Gewalt angesichts der wie immer indirekten Mitverantwortung für die in deutschem Namen verübten Verbrechen zu schweigen. Damals ersann ich einen Satz, der später zum Titel eines meiner Bücher wurde: »Wer nicht leiden will, muss hassen.«

Das war für mich ein Schlüssel zur kritischen Analyse der Naziideologie und zur Rehabilitation meiner eigenen, offiziell eher als Minusmerkmal eingestuften Empfindsamkeit. Hitler wollte, wir alle sollten nur siegen, erobern, größer und stärker werden – das Leiden als eigene Schwäche verachten und unterdrücken oder die Feinde schlagen oder ausrotten, die es uns zufügen wollten. Die darin steckende ebenso pathologische wie gefährliche Egomanie, die sich nicht etwa nur auf die Nazis beschränkte, wurde für mich ein Lebensthema auf der negativen Seite. Auf der positiven Seite war es das Bekenntnis zur Menschlichkeit der Leidensfähigkeit. Denn, wer nicht leiden will, will auch nicht mitleiden. So gewannen für mich diejenigen Philosophen entscheidende Bedeutung, die wie David Hume, Adam Smith und insbesondere Schopenhauer im Mitfühlen die entscheidende Bindungskraft für den Zusammenhalt der menschlichen Gemeinschaft gefunden haben. Die Arbeit an meiner Dissertation eröffnete mir somit nicht nur eine fundamentale Einsicht, sondern befreite mich von den Selbstzweifeln, die ich lange in mir herumgetragen hatte, nämlich durch Bestätigung des Widerwillens, den ich immer gegen die Verherrlichung der »Herrenmoral« empfunden hatte, die sich die Nazis von Nietzsche entlehnt hatten. In fast allen meinen über zwanzig Büchern, insbesondere auch wieder in dem neuen »Das Ende der Egomanie«, taucht immer wieder auf, was ich im Prozess meiner Doktorarbeit vor 56 Jahren gelernt habe.

Es ist auch ein zentrales Motiv für die Engagements meiner Frau und von mir selbst geworden – in den diversen sozialen, grünen und pazifistischen Bewegungen und jetzt wieder bei der Unterstützung von attac. Wir sind beide dankbar dafür, dass wir nun im Alter in den globalisierungskritischen Gruppen wieder eine große Hoffnung auf eine solidarischere Weltordnung vorfinden, verbunden mit vielen konstruktiven Reformansätzen und einer entschlossenen Gegenwehr gegen die Seuche des Kriegsgeistes, der uns in die Gefahr des Rückfalls in einen Machtwahn und eine Ausrottungsmentalität bringt, die als schlimmste Errungenschaft des vergangenen Jahrhunderts überwunden werden muss. Es ist gut zu wissen, dass junge Leute in vielen Ländern sich diesem Widerstand mit hilfreichen Ideen und Programmen verschrieben haben und dass man sich als Altgewordener einbilden kann, dass darin einiges weiterwirkt, was man als Lehre aus der eigenen Geschichte weiterzutragen bemüht war und noch immer bemüht ist.

Zur Sache: Deutschland

»Dresdner Reden '95« in der Semperoper, 22. Januar 1995

Wer sich zur Zeit über die Befindlichkeit und die Aufgaben der Deutschen öffentlich Gedanken macht, sollte gleich hinzusetzen, wo er herkommt und vor allem, welcher Generation er angehört. Damit macht er seine persönliche Perspektive besser verständlich. Also, ich komme, nachdem ich in Berlin des noch vereinten Deutschlands zur Schule gegangen bin und direkt anschließend viereinhalb Jahre als Soldat und Gefangener verbracht habe, aus dem Westen, erst Westberlin, jetzt Westdeutschland. Meine verschiedenen Besuche seit 1980 bei Freunden und Freundinnen der Friedens- und Bürgerbewegung in der DDR hat die Stasi so ungebührlich wichtig genommen, dass sie mich – ich zitiere aus meiner Akte – gleich der »Organisierung einer politisch oppositionellen Bewegung in der DDR« bezichtigt hat. Zumindest hätte ich, so heißt es, eine solche Bewegung »durch Zusammenführung negativ feindlicher Kräfte in der medizinischen Intelligenz« zu schaffen versucht. Das war weit übertrieben. Richtig ist, dass mich jeder meiner DDR-Besuche selber sehr aufgewühlt hat und dass ich hoffte, sowohl im Westen mehr Aufmerksamkeit für die Menschen und Gruppen zu schaffen, vor denen und mit denen ich im Osten sprach, als diesen selbst durch die Veröffentlichung ihrer Ideen wie auch ihrer Schwierigkeiten zu dienen. Zur gleichen Zeit galt ich übrigens im Westen, weil ich mich als einer der Sprecher der ärztlichen Friedensbewegung (IPPNW) hervortat, offiziell als Kommunistenfreund, wahrscheinlich aus Moskau gesteuert, zumindest dem Antiamerikanismus verfallen.

Zu meiner Generation: Ich entstamme jedenfalls keiner der Altersgruppen, die im Augenblick in den Feuilletons die Meinungsführerschaft in der Debatte über die geistige Situation der Deutschen beanspruchen. Sie werden bemerkt haben, dass sich da die 30- bis 35-Jährigen mit den etwas Über-50-Jährigen darüber streiten, wer noch oder schon das allein Wichtige zu sagen habe. Dass mir manches in dieser Debatte Gesagte ziemlich gespreizt, langweilig und gar nicht so wichtig vorkommt, mag nun wiederum z. T. mit meinem Alter zusammenhängen. Ich bin noch ein wenig älter als die von Peter Glotz so genannte Flakhelfergeneration. Diesen Unterschied habe ich seinerzeit bereits als große Kluft erlebt. Wir etwas Älteren waren stumm, als wir aus Krieg und Gefangenschaft zurückkehrten. Die Flakhelfer konnten noch reden und haben geredet. Nun hat Peter Glotz im »Spiegel« nicht nur die Endzeit der Flakhelfergeneration, sondern dazu auch gleich noch die Entwertung ihrer Erfahrungen verkündet bzw. angekündigt.

Aber ich protestiere entschieden gegen diese These von Glotz. Die Jüngeren und die Jungen werden noch lange mit den Erfahrungen unserer Generation zu tun haben, ob sie wollen oder nicht. Es war für mich als Psychoanalytiker, der mit Familien arbeitet, schon vor 35 Jahren eine frappierende Entdeckung, dass Eltern unbewusst ihre eigenen ungelösten Konflikte an ihre Kinder weitergeben. Jede Generation trägt der nächsten auf, was sie sich selbst nicht verzeihen kann, was sie wollte, aber nicht konnte, was sie an Ungelöstem hätte besprechen müssen, aber aus Angst verschwiegen hat. So tritt jede neue Generation außer mit der in der Schule zu lernenden äußeren mit einer inneren Geschichte an, an der sie das Unverarbeitete weiter verarbeiten muss, auch wenn sie glaubt, sie könne nach Belieben in den Müllschlucker werfen, was ihr nicht passt. Worauf sie, obwohl es in ihr steckt, nicht mehr hinsehen will, eben das droht sie irgendwann hinterrücks wieder zu überwältigen.

Je schwerer die Probleme wiegen, umso dringlicher ist das miteinander Reden wie das einander Zuhören über die Generationengrenzen hinweg. Warum sind wohl die Jugendlichen unlängst spontan in gewaltigen Scharen in den Spielberg-Film Schindlers Liste geströmt? Warum wohl haben sie den Hauptanteil der sechs Millionen Deutschen gebildet, die diesen Film sehen wollten? Zumindest doch auch deshalb, weil sie genauer sehen und besser verstehen wollen, was damals vor sich gegangen ist und was durch Verschweigen oder halbes Verschweigen in ihren Familien oder auch durch filternde pädagogische Kommentare für sie nebelhaft geblieben ist. Sie wollen wissen, wo sie herkommen. Und natürlich suchten sie in dem Film auch den Schindler, den ganz und gar unheldischen Mann, der dennoch aus schlichtem Mitgefühl außerordentliches bewirkt hat. Ich finde es bemerkenswert, dass nach diesem Film in den Medien plötzlich von vielen mehr oder weniger unscheinbaren Leuten die Rede war, die keinen großartigen Widerstand geleistet, aber fatale Befehle missachtet und Verfolgten unter Gefahren geholfen haben. Gerade weil die Eltern nach 1945 mit ihren Kindern bei weitem zu wenig gesprochen haben, können sie jetzt mit ihren Enkeln noch einiges nachholen, damit diese die heimliche Angst loswerden, etwas Unfassbares als inneres Erbe zu tragen. Unfassbar bleibt zwar die *Dimension* der damaligen Verbrechen. Aber begreifen und fassen müssen die Jüngeren, wie es zu den Verstrickungen, dem Wegsehen, der Selbstentmündigung und der Pervertierung von Moralvorstellungen seinerzeit gekommen ist. Das zu verarbeiten, bedarf der wechselseitigen Hilfe aller noch lebenden Generationen.

Aber lähmt das nicht die Bewältigung der Gegenwart? Ist nicht der Begriff Vergangenheitsbewältigung ohnehin schon für die Last der SED- und der Stasigeschichte vereinnahmt? Ich meine, dass gerade diese Debatte daran krankt, dass in ihr das, was aus der älteren Vergangenheit darin steckt, zu wenig durchschaut und behandelt wird. Woher kommt denn wohl die übereifrige westliche Einmischung in diese Diskussion? Ist da etwa nicht das Bedürfnis im Spiel, eigene ältere Defizite wettzumachen? Erwartet man nicht von den Ostdeutschen, sie sollten in Eile eine Aufarbeitung leisten, deren partielles Versäumen eine nie ganz besänftigte Unruhe in der westdeutschen Gesellschaft hinterlassen hat? Die alte Vergangenheit ist also doch wieder oder immer noch dabei. Wenn sich hier psychologische Prozesse mischen, heißt das natürlich nicht, dass die Untaten unter dem Hitler-Regime mit DDR-Unrecht auf die gleiche Stufe gestellt werden dürften. Aber es gibt vergleichbare Reaktionen im Umgang mit der Erinnerung. Und da gestatten Sie mir als Psychoanalytiker, der über vier Jahrzehnte Erfahrungen damit hat, wie Menschen mit Schuldproblemen innerlich umgehen, etwas zum Thema Aufarbeitung, Versöhnung, Unter den Teppich Kehren, Verkleistern, Verdecken usw. zu sagen.

In der Debatte entsteht der Anschein, als sei Aufarbeitung identisch mit der *öffentlichen* Klärung, Behandlung und Verhandlung des Geschehens. Der Zwist darüber, was da an Maßnahmen getroffen oder unterlassen werden sollte, macht beinahe unsichtbar, dass die wichtigste Arbeit an schuldhafter Erinnerung im *Innern* der Menschen stattfindet und dass es darum geht, diese Arbeit zu befördern. Ich habe in meiner therapeutischen Tätigkeit Menschen kennen gelernt, die, obwohl an Nazi-Unrecht aktiv beteiligt, nie dafür belangt worden waren, sich dennoch viele Jahre innerlich mit ihrer Schuld auseinander gesetzt haben und inzwischen wachsamere und standfestere Demokraten als viele andere geworden sind. Hartgesottene werden auch durch äußere Sanktionierung nicht gewandelt. Andererseits kann man manche zu selbstkritischer Besinnung bereite Menschen durch verletzende Stigmatisierung zu einem Kampf um Rechtfertigung treiben, die sie sich spontan gar nicht zubilligen würden, wenn an ihnen nicht von außen eine moralische Exekution vollzogen würde. Nach Verschwinden eines Systems, das viel Unrecht befohlen und gedeckt hat, fällt der Hass, mit dem Unschuldige verfolgt wurden, auf die einzelnen Ausführenden zurück. Wie diese nun mit der Entlarvung ihrer persönlichen Belastung umgehen, wie verleugnend oder wie ehrlich, ob sie in neuer Hörigkeit unterkriechen oder darum ringen, sich aufzurichten und ihre Verantwortung auf sich nehmen, das hängt außer von ihrer inneren Kraft auch davon ab, was man ihnen zutraut und zutrauen will, vor allem seitens der von ihnen ehedem Verfolgten. Unter solchen setzt zur Zeit einer ein Zeichen, das viele, die es wahrnehmen, ermutigen könnte.

Ich meine Nelson Mandela, der ein Leben lang gegen die Unterdrückung seines Volkes gekämpft hat. Während seiner Zeit im Gefängnis schrieb er: »Ich wusste so gut, wie ich irgendetwas wusste, dass der Unterdrücker genau so befreit werden musste wie der Unterdrückte. Ein Mensch, der einem anderen die Freiheit raubt, ist ein Gefangener des Hasses, er ist eingesperrt hinter den Gittern von Vorurteil und Engstirnigkeit.« Das sagt nicht einer, der unter den Teppich kehren und die Wahrheit verkleistern will, aber einer, der seine Selbstachtung und Würde trotz aller Verletzungen nicht hat beschädigen lassen und die Erbärmlichkeit seiner und seines Volkes Unterdrücker nicht mit Ressentiment beantworten muss. Damit hat er, wie alle sehen, entscheidend dazu beigetragen, dass die über Generationen Verfolgten und Entrechteten entgegen vielen Erwartungen nicht zu Verfolgern ihrer Peiniger geworden sind. Ein Phänomen hoffentlich nicht nur zum Bewundern, sondern zum Lernen.

Im Vergleich zu diesem Beispiel fällt eine uns Deutschen nicht zu Unrecht zugeschriebene radikale Sauberkeitsideologie auf. Ein Übel gehört mit Stumpf und Stiel ausgerottet. Die verwickelten Menschen gehen in den Schmutzbegriff mit ein. Es schimmert mitunter eine regelrechte Lust bei den Anklägern durch, vermeintliche oder auch echte Schuldige zu entlarven, zu bezichtigen und damit zugleich einen skandalbedürftigen Teil des Publikums zu befriedigen. Da jagen auch einige nach Verrätern, wobei man ihnen anmerkt, dass sie sich insgeheim den Verrat eigener alter Ideale verübeln. Sie müssen hassen, um sich nicht selbst zu hassen. Es gibt einen Säuberungskult, der die Überwindung von Intoleranz nicht fördert, sondern eher blockiert: Wenn der große Teil eines Volkes, wie willig oder widerstrebend auch immer, im Apparat eines Unrechtsregimes mitfunktioniert hat, dann ist die Aufarbeitung eine gemeinsame Aufgabe, und der Wunsch der einen, die anderen vollständig zu enttarnen und zur Rechenschaft zu ziehen, kann auch das fragwürdige Bemühen der einen verdecken, am Ende als die allein Gerechten dazustehen.

Einer, der sich um diese Motive in unserem Land besonders gekümmert hat, war der verstorbene Psychoanalytiker Alexander Mitscherlich. Selbst als Widerständler von den Nazis verfolgt und eingesperrt, hat er 1946 zusammen mit Fred Mielke die Nürnberger Prozesse gegen die Nazi-Ärzte dokumentiert, die an über 300 grauenhaften Medizinverbrechen beteiligt waren. Er hat die Dokumentation in einem Buch festgehalten und darin in einem Kommentar klar gemacht, dass nicht selbstgerechtes Entsetzen über die Nazi-Verbrecher die angemessene Reaktion sei, sondern die Einsicht, dass diese Untaten nur aus einem großen Apparat heraus möglich gewesen waren. »Was aber ist der Apparat?« fragte er und fuhr fort: »Solange wir diese Frage nicht aufrichtig beantworten, und das kann nur heißen, solange wir uns nicht vergegenwärtigen, wie weit wir selbst ›Apparat‹ waren, haben wir nichts, überhaupt nichts getan, um den Toten dieser furchtbaren Zeit jenen Respekt und jene Aufmerksamkeit zu erweisen, die allein die Brutalität, mit der sie überwältigt wurden, für die Zukunft entkräften kann.«

Diese Frage sollte immer am Anfang stehen: Was hatten wir selbst, was hatte jeder einzelne mit dem Apparat zu tun, der Unheil gebracht hat? Uns Westdeutschen steht es nicht zu, uns an der Stasi-Debatte im Osten gar noch mit einem Bevormundungsanspruch zu beteiligen. Aber ich verschweige nicht, dass ich mich frage, warum wohl die Führung der großen Volksparteien im Westen so dringend darauf besteht zu wissen, dass die PDS nur zu den Verhältnissen des SED-Staates zurück und nicht Mitverantwortung in der Demokratie übernehmen wolle. Warum unterstellt man einem Aufrechten wie Stefan Heym, dass er durch Unterstützung dieser Partei seinen kritischen Humanismus aufzugeben, statt in solcher Zusammenarbeit zur Geltung zu bringen beabsichtigt? Es gibt ein Misstrauen, das sich gar nicht entkräftet sehen, das sein Feindbild gar nicht verlieren möchte. Nachdem Moskau und der SED-Staat als jahrzehntelang für den Westen verfügbare Hassobjekte entschwunden sind, bietet sich die PDS natürlich an, diese Affekte gewissermaßen vor Arbeitslosigkeit zu bewahren. Nachdenklich macht es jedenfalls, dass es im Westen kaum jemand beunruhigt, dass innerhalb des ehemaligen Ostblocks sozialistische Parteien, sogar mit ehemaligen hohen Funktionären, unlängst eine Reihe von demokratischen Wahlen gewonnen haben.

Die empirische Sozialpsychologie ist seit der Vereinigung dabei, Befindlichkeiten und Denkweisen in Ost-West-Vergleichen zu untersuchen. Solche Studien haben den Sinn, Vorurteile und Mythen zu überprüfen, die sich über die Unterschiede der Menschen der beiden Bevölkerungsteile verbreitet haben. Gerade sind 1000 Ostdeutsche und 2000 Westdeutsche, jeweils repräsentativ ausgewählt, darüber mit dem Giessen-Test befragt worden, wie sie sich selbst sehen und fühlen und wie sie ihre soziale Situation einschätzen. Darüber hinaus haben sie sich über ihre Kindheit, ihre Sexualität und über ihre politische Einstellung geäußert. Elmar Brähler von der Universität Leipzig und ich werden die Ergebnisse, die uns eben erst zu Gesicht gekommen sind, demnächst ausführlich öffentlich bekannt machen. Hier nur einige in die Augen springende statistische Differenzen:

Die Westdeutschen sehen sich deutlich eher als Individualisten, distanziert von ihrer Umgebung, weniger gesellig. Eng mit anderen zusammenzuarbeiten, liegt ihnen nicht besonders. Dagegen erleben sich die Ostdeutschen erheblich kontaktoffener. Sie sind gern mit anderen näher zusammen, auch in der Arbeit. Entsprechend nehmen sie auch am Schicksal anderer Menschen innerlich mehr Anteil als ihre westlichen Landsleute. Man kann sagen, sie haben mehr soziale Gefühle. Damit passt gut zusammen, dass sie es anscheinend auch in privaten Partnerschaften leichter haben, denn nach Vergleich der Aussagen gelingt es ihnen besser, ihre Bedürfnisse nach Zärtlichkeit und sexueller Harmonie zu befriedigen.

Ein Unterschied springt besonders in die Augen: Der durchschnittliche Ostdeutsche ist selbstkritisch und spart nicht mit Selbstvorwürfen, obwohl er glaubt, in seinem Umfeld geachtet und in seiner Arbeit anerkannt zu sein. Genau entgegengesetzt zweifelt der Westbürger deutlich weniger an sich selbst, findet aber, wie er meint, von außen geringere Anerkennung als Person und auch für seine Arbeitsleistung. Vereinfachend hieße das: Im Osten hält man weniger, im Westen mehr von sich, als die jeweilige Umgebung zugestehen möchte. Das passt zu dem Mythos von dem bescheidenen Ossi und dem arroganten Wessi.

Eine andere Abweichung ist ebenfalls markant: Die Ostdeutschen geben sich im Vergleich der Selbstbilder größere Mühe und achten genauer auf Ordnung. Mehr als ihre westlichen Landsleute plädieren sie für härteres Vorgehen gegen Unmoral und Kriminalität. Dass die sozialen Verhältnisse im Ganzen im Osten als erheblich schwieriger und bedrückender empfunden werden, Stichwort Arbeit und Wohnen, verwundert nicht.

Geradezu frappierend ist, wie viel positiver die Ostdeutschen auf ihre Kindheit im Elternhaus zurückblicken, obwohl die Meinung grassiert, dass die Ostdeutschen durch Krippenerziehung und regelmäßige Berufstätigkeit beider Eltern nicht viel familiäre Geborgenheit genossen haben könnten. Aber was immer man in der Erziehung von den Eltern erfahren und bekommen hat, klingt im Osten freundlicher und lobender als auf der westlichen Seite. Demnach wurden hier die Eltern angeblich als warmherziger und toleranter erlebt, haben sie die Kinder näher an sich herangelassen, sie weniger bestraft, weniger geschlagen, weniger beschämt, sie weniger über ehrgeizigen Forderungen gequält. Aber es bleibt ein Fragezeichen. Das kritische Elternbild der Westdeutschen ist gewiss durch die bis in die 70er Jahre hineinreichende antiautoritäre Jugendrebellion beeinflusst, die in Ostdeutschland nicht stattgefunden hat.

Erfreulich ist, dass nationalistische Ideen beiderseits ganz überwiegend verworfen werden. Hier sind die Ostdeutschen noch ein Stück entschiedener. Die Losung »Deutschland den Deutschen« stößt bei ihnen auf die heftigste Ablehnung. Bei zwei Fragen fällt der Altersunterschied besonders ins Gewicht. Die Jugend ist sich in beiden Landesteilen darin einig, dass die allgemeine Wehrpflicht eher überflüssig sei, was vor allem den älteren Westdeutschen nicht einleuchtet. Sehr nachdenklich stimmt ein ausgeprägter ökologischer Pessimismus bei den Unter-24-Jährigen sowohl im Osten wie im Westen. Sie halten es für eher unwahrscheinlich, dass die Umweltzerstörung überhaupt noch gestoppt werden könne. Darin steckt unverkennbar eine dringliche Mahnung an die Älteren und an die Politiker, sich um das Umweltproblem weit energischer zu kümmern als bisher.

Und dann haben wir jene Frage gestellt, der ich bereits

einen Teil meines Referates gewidmet habe: Ist es wichtig oder inzwischen eher überflüssig, dass sich die Bürger und Bürgerinnen der Bundesrepublik noch mit der Hitlerzeit auseinandersetzen? Auf beiden Seiten, im Osten allerdings noch mit klarerer Mehrheit, lautet die überwiegende Antwort: Ja, es ist unverändert wichtig.

Im Einklang mit einer Bielefelder Studie, die direkt nach den psychologischen Profilen der Ost- und Westdeutschen gefragt hat, scheint es uns, dass Ost- und Westdeutsche in etwa darin einig zu sein scheinen, dass der durchschnittliche Ostdeutsche vergleichsweise unsicherer, selbstkritischer und mehr sozial bezogen, der durchschnittliche Westdeutsche selbstbewusster, selbstzufriedener und individualistischer sei. So kann man zu deuten wagen, dass sich die Menschen in den neuen Bundesländern eher kleiner und schwächer machen, als sie sind, in den alten eher größer und stärker, als sie sind. Wie weit sich hier das Gefälle in den Macht- und Wirtschaftsverhältnissen psychologisch auswirkt, muss Spekulation bleiben. Plausibel wäre auch, dass sich im Westen stärker die Prinzipien des wirtschaftlichen Systems psychologisch abbilden, nämlich die Tendenz, sich als fit und o. k. in der Konkurrenz am besten »verkaufen« zu können.

Könnte man auf die Beziehungsprobleme zwischen den Deutschen in beiden Landesteilen eine Paartherapie anwenden, wie wir sie in der psychoanalytischen Therapie neuerdings in größerem Umfang pflegen, wüsste ich schon, welches Behandlungsziel mir vorschweben würde, nämlich beide Volksteile zu ermutigen, mehr davon auszuleben, was sie zur Zeit eher an die andere Seite abgetreten haben, nämlich die Ostler mehr vom westlichen Selbstbewusstsein und die Westler mehr vom sozialen Sinn der

Ostdeutschen. Aber vielleicht erfüllt sich ja einiges von dieser Phantasie mit der Zeit von selbst. Eines aber ist nach unseren Befunden schon jetzt deutlich: Zu demokratischem Denken bedarf man in den neuen Bundesländern kaum Nachhilfe, da hier die Allergie gegen nationalistische Ideen und militaristische Tendenzen offenbar sogar besonders ausgeprägt ist, zugleich der Sinn für die Notwendigkeit der Weiterarbeit an den deutschen Erinnerungen.

Das psychische Befinden in beiden Landesteilen wird nun zusätzlich in unterschiedlicher Weise beeinflusst durch ein bedrückendes gemeinsames Problem, nämlich durch die wachsende Kluft zwischen den Wohlhabenden und den Ärmeren. Die Armutsrate allein in Westdeutschland ist seit 1984 auf 7,5 Prozent gestiegen. Fast jeder Zehnte – Mann oder Frau – muss ohne bezahlte Arbeit sein Auskommen suchen. In Ostdeutschland hat sich der Anteil der Armen in zwei Jahren verdoppelt. Der Zusammenbruch ganzer Industrien hat Massen von Menschen um ihren Arbeitsplatz gebracht, unter denen die Älteren und viele Frauen wenig Chancen für eine Neubeschäftigung sehen. Im Zeitraffer hat sich im Osten die gleiche Aufspaltung wie im Westen von Lebensverhältnissen zwischen zwei Bevölkerungsteilen vollzogen, von denen die einen am Wohlstand partizipieren, die anderen nicht.

Diese Kluft ist für die Demokratie umso bedenklicher, als z. Zt. in der Öffentlichkeit diejenigen den Ton angeben, die Vorteile für die Wirtschaft auf Kosten weiterer Opfer der sozial schlechter Gestellten anstreben. Laut gefordert werden Rentenkürzungen, Reduzierungen der Sozialhilfe, weniger Urlaubsgeld für Kranke u. a. Ohne großen Widerspruch wurden und werden zahlreiche Stellen im Sozialbereich abgebaut. Obwohl die Wirtschaft von einem starken Export profitiert – ein klarer Beleg für die Wettbewerbsfähigkeit –, wird der Eindruck erweckt, dass die internationale Konkurrenzlage vor allem von denen noch mehr Opfer fordere, die ohnehin auf dem unteren sozialen Niveau leben. Das ist ein Ellbogen-Klima, das für die bundesrepublikanische Demokratie Gefahren heraufbeschwört.

Wir haben es z. T. mit vorgegebenen Problemen zu tun, wie etwa mit dem sich verringernden Bedarf an Menschen in einer zunehmend technisch automatisierten Industrie, auch mit den Folgen des veränderten Altersaufbaus der Bevölkerung. Wir brauchen Mittel für dringende ökologische Reformen. Aber die Rezepte dürfen nicht die Fundamente der sozialen Demokratie schwächen. Ich berufe mich hier auf die von 120 Sozialwissenschaftlern, u. a. auch von mir, getragene Erklärung, die das Nell-Breuning-Institut mit dem Titel »Solidarität am Standort Deutschland« unlängst herausgebracht hat. In dieser Erklärung weisen wir nachdrücklich darauf hin, dass bei Abspaltung verarmender Bevölkerungsteile soziale Konfliktthemen in der Gesellschaft zunehmen und sich verschärfen werden, während gleichzeitig die demokratische Bearbeitung dieser Themen erschwert wird. Mit anderen Worten: Es kann sich ein sozialer Sprengstoff aufstauen, der am Ende nur noch schwer unter demokratischer Kontrolle gehalten werden kann, wenn dieser Gefahr nicht energischer als bisher begegnet wird.

Ich kann hier die Vorschläge der Sozialwissenschaftler-Erklärung nicht ausführlicher diskutieren, nur in Stichworten nennen: Wir brauchen wirksamere beschäftigungspolitische Maßnahmen. Das Armutsrisiko muss eingedämmt werden durch Umverteilung zugunsten der sozial Schwächsten. Eine Grundsicherung mit einem gesicherten Grundeinkommen muss den Abfall in untragbares Elend verhindern. Vor allem müssen Sozialpolitiker und die Tarifpartner, statt sich in den Medien Schlachten zu liefern, kontinuierlich konzertiert zusammenarbeiten. Aber die Träger der staatlichen Sozial- und Wirtschaftspolitik werden der Probleme nicht Herr werden, wenn wir im Land nicht das Klima der Ellbogenmentalität von Grund auf zu wandeln verstehen. Soziale Gewalt fängt nicht erst bei handgreiflichen Brutalitäten an, sondern beginnt schon, wenn eine Minderheit ihre Erfolge auf Kosten einer immer weiter abgehängten Mehrheit zu erkämpfen erstrebt.

Wer sagt, hier beginne unrealistische moralische Beschwörung, sei daran erinnert, dass es in Westdeutschland eine kürzere Periode gab, in der die Menschen begriffen, dass die einen nicht auf Kosten der anderen ihren Lebenskomfort erhalten oder steigern können, sondern dass alle in einer sozialen Demokratie aufeinander partnerschaftlich angewiesen sind. Das war unter Willy Brandt, als sich Scharen von sozialen Initiativen um Arme, um Randgruppen, um Kranke und Behinderte kümmerten, als überall Mitbestimmungsregelungen erweitert wurden und viele Millionen für eine »Humanisierung der Arbeitswelt« ausgegeben wurden. Das war kein staatlich verordnetes oder von den Kirchen propagiertes, sondern ein spontanes Suchen nach einem verbesserten gemeinsamen Zusammenleben, bis dann unter dem Motto der »geistig-moralischen Wende« jener soziale Reformgeist vorläufig wieder erstickt wurde. Es liegt in unser aller Interesse, jenen sozialen Ideen wieder Kraft zu verschaffen, welcher Missbrauch mit ihnen auch von den untergegangenen Ostblock-Regimen getrieben wurde. Es darf nicht der Eindruck stehen bleiben, als habe 1989 definitiv das Prinzip der Rivalität über das Prinzip der Solidarität gesiegt und als sei das, was sich die zitierten 120 Sozialwissenschaftler vorstellen, nur der Traum blauäugiger Sozialromantiker.

Die Massenarbeitslosigkeit und die neue Armut zu bekämpfen, ist allerdings keine spezifisch deutsche, sondern eine überhaupt nur in internationaler Kooperation zu lösende Aufgabe. Nun meinen manche Jüngere, alle größeren Fragen seien neuerdings ohnehin so weitgehend europäisch oder global verflochten, dass wir alles Grübeln über unsere Befindlichkeit und unsere besonderen Perspektiven als Deutsche unterlassen sollten. Unlängst hat sich der Berliner Regisseur Christoph Kirst in der »Zeit« als Sprecher der 30-Jährigen gar mit der Mahnung hervorgetan: »Palavert nicht übers deutsche Wesen, wo es um europäische und globale Lösungen geht!«

Nun fällt indessen auf, dass man sich seit 1989 zumal im westlichen Ausland sehr intensiv mit dem deutschen Wesen befasst hat – nicht aus irgendeinem, sondern aus einem ganz gezielten Interesse. Nämlich aus der Sorge, wie wir uns denn nun nach dem großen Umbruch der Vereinigung weiterhin benehmen würden. In Westdeutschland schien man diese Frage fast für überflüssig zu halten, weil mit dem Größenzuwachs der Bevölkerung angeblich überhaupt keine qualitative Neudefinition des deutschen Verhaltens innerhalb der vielfältigen internationalen Bindungen zur Diskussion stehe. Ich hatte den Eindruck, dass man in Bonn geradezu Angst hatte, sich zu vergegenwärtigen, dass nicht nur Ost-, sondern auch Westdeutschland erstmalig seit 1945 auf die Probe gestellt war, sich frei von Besatzungsstatut und vom Satellitenkorsett selbständig zu definieren und sich in der geschenkten, nicht selbst errungenen Demokratie zu bewähren.

Die ausländischen Befürchtungen gelten einer in der Geschichte immer wieder auffällig gewordenen deutschen Wesensart, über die wir, gerade weil sie mit den peinlichsten Erinnerungen verknüpft ist, nicht gern nachdenken. Aber ich halte dieses Nachdenken für unumgänglich. Es geht um unser deutsches Verhältnis zum *Autoritären*, das speziell unsere Nachbarn fragen lässt, wie verlässlich wir in Zukunft sein werden. Autoritäres Denken ist dadurch gekennzeichnet, dass es sich eine soziale Ordnung nur schwer außerhalb eines Verhältnisses von Herrschen und Gehorchen vorstellen kann. Deshalb ist das autoritäre Prinzip janusköpfig. Es bietet sich einerseits als Wille zum Herrschen, andererseits als unbedingte Gehorsamsbereitschaft dar. Beide Haltungen gehören komplementär zusammen. Die Gehorsamen entlasten sich von dem Druck eigener Verantwortung, indem sie diese an die Autorität abtreten. Diese erweitert dadurch ihr Machtgefühl und die Versuchung zur Selbstidealisierung und zu Größenideen. Die Untertanen nehmen unter Verdrängung der eigenen Entmündigung in der Phantasie an der idealisierten Autorität teil, umso leichter dann, wenn diese die unterdrückten Aggressionen des Gefolges gegen ein offizielles Feindbild leitet. Halten sich in der sozialen Gemeinschaft die internen Spannungen in Grenzen, können solche autoritären Elemente in einer Demokratie relativ unauffällig bleiben, bis eine Krisenlage sie u. U. in aller Schärfe und Gewaltträchtigkeit hervortreten lässt.

Momentan drohen kein Faschismus und kein Gewaltregime. Aber es gibt Anzeichen dafür, dass sich zwischen einer selbstgewissen Arroganz der Führungsschicht und einer passiv entpolitisierten Basis ein fatales Einvernehmen entwickelt. Die Ausarbeitung einer gemeinsamen deutschen Verfassung wäre z. B. eine große Chance gewesen, die im Westen einst geschenkte Demokratie durch einen gemeinsamen großen Willensbildungsprozess des Volkes befestigen zu lassen. Aber alle von unten aus beigesteuerten Ideen, sei es vom ostdeutschen Runden Tisch oder von dem spontan gebildeten »Kuratorium zu einer Verfassung für einen demokratischen Bund deutscher Länder«, blieben unbeachtet. Auch zu der entscheidenden Frage der europäischen Vereinigung befragt man die Bürgerinnen und Bürger nicht. Sie dürfen nur als gespannte Zuschauer verfolgen, wie ringsum Franzosen, Spanier, die Skandinavier und demnächst vermutlich auch noch die Engländer sich für ein Ja oder Nein zu Maastricht entscheiden.

Über ihre eigene Ausschaltung regt sich unter den Bürgern kaum Unwillen. Wenn laut repräsentativer Umfragen eine große Mehrheit den Politikern ankreidet, dass diese sich kaum darum kümmerten, was die einfachen Bürger dächten und fühlten, so gibt es weder oben noch unten darüber merkliche Beunruhigung, als sei es selbstverständlich, dass die in der Verfassung obenan gesetzte Willensbildung des Volkes nicht so ernst gemeint sei. Als der vormalige Bundespräsident von Weizsäcker die Parteien dafür rügte, dass sie häufig die eigenen Machtinteressen eher als die Lösung der großen Probleme verfolgten und darin von den Medien noch zu einem gut Teil unterstützt würden, ereiferte man sich mehr darüber, ob ihm sein Amt solche Kritik erlaube als über seine für den Zustand der Demokratie höchst alarmierende Diagnose. Es war anscheinend ein unerhörter Tabubruch, dass ausgerechnet die Symbolfigur der höchsten Autorität im Lande sich in antiautoritärem Sinne äußerte, nämlich indirekt für die Basis Partei nahm. Also nicht, ob Richard von Weizsäcker recht hatte, sondern dass er sich anscheinend illoyal gegenüber der eigenen politischen Klasse verhielt, wurde zum Hauptkriterium für die Bewertung seiner Mahnung, die indessen gerade dadurch ihre volle Berechtigung erwies.

Ein anderes Beispiel: Kein einziger aus der CDU-Fraktion erhob sich, als jüngst der Alterspräsident Stefan Heym das Podium betrat, um den Deutschen Bundestag zu eröffnen. Aber von einem Abgeordneten wurde später bekannt, dass es ihn die größte Selbstüberwindung gekostet habe, sitzen zu bleiben und Heym die schuldige Ehrerbietung zu verweigern. Er hat es als seine höhere Pflicht angesehen, der Fraktion gegenüber seine Loyalität zu beweisen. Dies aber ist genau ein Exempel derjenigen moralischen Perversion, die Zweifel an unserer Verlässlichkeit rechtfertigt, nämlich dadurch, dass hierzulande das Opfern der persönlichen Überzeugung zugunsten äußerer Loyalität als Tugend umgedeutet wird. Dabei weiß dieser Abgeordnete, dass er wie alle anderen laut Artikel 38 des Grundgesetzes an keine Anordnungen und Weisungen gebunden und nur seinem Gewissen unterworfen ist. Dennoch steht er nicht als Feigling da, der er in diesem Augenblick ist, sondern als ein Getreuer, der aus wahrem Anstand zu seiner Gruppe und zu seinem Fraktionschef seine Skrupel wie eine unziemliche Versuchung niederkämpft.

Ich will diesen speziellen Fall schon deshalb nicht dramatisieren, weil es diesen Abgeordneten immerhin anders als viele seiner Kollegen aus seiner und anderen Fraktionen überhaupt in einen Konflikt gestürzt hat, einer Persönlichkeit vom Rang und der Integrität Stefan Heyms das Mindestmaß an parlamentarisch gebotener Achtung zu versagen. Aber das Beispiel veranschaulicht besonders treffend das autoritäre Muster, das vielen hierzulande gar nicht mehr auffällt, weil es für sie fast zur Selbstverständlichkeit geworden ist. Sein Wesensmerkmal ist die Abtretung der Verantwortung an eine äußere Autorität, von Kindheit auf eingeübt als Externalisierung des Über-Ichs, wie wir es psychoanalytisch nennen. Gebahnt wird diese Reaktion durch eine Erziehungsstrategie, die für die schleichende Selbstentmündigung die hehrsten Begriffe wie Treue, Anstand, Pflicht, Loyalität und sogar Solidarität missbraucht. In sozialpsychologischen Untersuchungen wie dem berühmten Milgram-Experiment hat sich gezeigt, dass die Anfälligkeit, im Konfliktfall selbst inhumanen Anordnungen einer scheinbar Achtung gebietenden Autorität zu folgen, in Deutschland tatsächlich besonders ausgeprägt ist. Diese Bereitschaft ist in der Regel gar nicht bewusst und steht meist auch in Widerspruch zu persönlichen, glaubhaft vertretenen humanistischen Wertvorstellungen. Nur erweisen sich diese eben als kraftlos, wenn sie innerhalb einer autoritären Sozialstruktur mit konträren äußeren Loyalitätsforderungen konkurrieren.

Vielen Menschen erscheint es im Nachhinein kaum glaubhaft, zu welchen Handlangerdiensten sie sich unter einem diktatorischen Regime haben entwürdigen lassen. Sie möchten sich sagen, ich kann das nicht gemacht haben, denn es passt nicht zu meinen Überzeugungen. Sie mögen damit sogar in einer Hinsicht recht haben, nämlich, dass sie nur gehorcht haben und autoritärer Manipulation erlegen sind. Aber eben mit dieser Selbstentmündigung müssen sie sich im nachhinein konfrontieren.

Die Überwindung des Hanges zum Autoritären erscheint mir jedenfalls unter sozialpsychologischem Aspekt als ein Schlüsselproblem unserer demokratischen Entwicklung. Kritisches Engagement ist nach wie vor der beste Schutz gegen falschen Gehorsam. Ich habe diesen Zusammenhang einmal so beschrieben: Es gibt eine kreisförmige Wechselbeziehung zwischen Machen und Erkennen. Wenn man nicht macht, was man als notwendig, wenn auch vielleicht mit persönlichen Unannehmlichkeiten behaftet, erkannt hat, dann kann man bald auch nicht mehr erkennen, was zu machen ist. Wenn man Anpassungsforderungen taktisch nachgibt, wohl wissend, dass man ihnen mit vertretbarem Risiko widerstehen könnte und sollte, dann wird man nach und nach die Zumutung der Anpassungsforderungen gar nicht mehr wahrnehmen, d. h. die eigene Gefügigkeit auch nicht mehr als Fluchtreaktion durchschauen. Alles erscheint dann normal: die Verhältnisse, denen man sich ergibt und der Verzicht auf Gegenwehr, der eben gar nicht mehr als Verzicht erlebt wird.

Aber unsere Verhältnisse sind eben in mancher Hinsicht nicht so normal, etwa die Abkoppelung der Bürgerinnen und Bürger von Grundsatzentscheidungen wie über die neue gemeinsame Verfassung oder über Maastricht oder darüber, ob deutsches Militär nach 50 Jahren wieder für Kriegseinsätze überall in der Welt zur Verfügung gestellt werden soll. Ist es normal, dass die Bürger schweigend hinnehmen, was sie nicht wollen? Ich sehe jedenfalls ungute Anzeichen für eine wechselseitige Verstärkung von Machtarroganz oben und entmutigter Entpolitisierung unten als Symptome eines anwachsenden autoritären Elementes. Um unten mehr Verantwortungsbereitschaft und oben mehr demokratische Zurückhaltung zu fordern, sollte man endlich realisieren, was Politik- und Sozialwissenschaftler seit langem empfehlen, nämlich den Deutschen gleiche plebiszitäre Rechte einzuräumen, wie sie bei einer Reihe unserer Nachbarn längst zur Selbstverständlichkeit geworden sind und sich hervorragend bewährt haben.

Aber lassen Sie mich noch ein persönliches Wort zur deutschen Militärpolitik sagen. Seit der Vereinigung definiert Bonn die erweiterte deutsche Verantwortung unaufhörlich rein militärisch. Aber nicht etwa in dem Sinne, dass die Deutschen sich nun mit mehr Gewicht in der Abrüstungspolitik und für den Abbau des Waffenhandels engagieren und darin mit eigenem Beispiel vorangehen sollten. Vielmehr hat Deutschland inzwischen gar den dritten Platz in der Reihe der größten Waffenexporteure erklommen, und gerade erst kürzlich hat Bonn die Erlaubnis für Rüstungslieferungen auf viele neue Länder ausgedehnt. Nein, mit dem Argument erweiterter militärischer Verantwortung drängt die Regierung auf Preisgabe der 50-jährigen militärischen Zurückhaltung und auf Beteiligung nicht nur an Blauhelm-Aktionen, sondern an internationalen kriegerischen Interventionen, und dies, obwohl zumal die letzten Jahre erwiesen haben, dass die UNO keinen der fast 50 Kriege und Bürgerkriege in der Welt mit militärischer Gewalt stoppen konnte und auch künftig wird stoppen können. Diese Einsicht, gerade auch von UNO-Generalsekretär Boutros Ghali öffentlich bekannt, fordert dazu auf, die bisher vernachlässigten Möglichkeiten einer professionell organisierten Krisenprävention und politischen Krisenberatung in gefährdeten Regionen viel intensiver als bisher zu nutzen.

Nachdem unser Land im 20. Jahrhundert die Menschheit in die beiden furchtbarsten globalen Kriege gestürzt hat, wäre doch dies, nämlich eine großzügige Unterstützung der UNO in präventiven friedenspolitischen Initiativen, die überzeugende Wahrnehmung erweiterter deutscher Verantwortung. Selbst die kriegsvorbereitenden Waffenexporte energisch abzubauen und die anderen Rüstungsländer zur Nachahmung zu drängen, würde vollends die Abkehr von der unseligen Tradition des deutschen Militarismus vor aller Welt glaubhaft machen und uns berechtigen, uns auf einige der großen Pazifisten deutscher Sprache zu berufen, u. a. auf Martin Buber, Albert Einstein, Sigmund Freud und Stefan Zweig. Eine moralische Utopie? Kaum, denn ohne Umleitung der für die Vorbereitung von Kriegen verschwendeten gewaltigen Energien und Mittel werden die großen drängenden gemeinsamen Aufgaben auf sozialem und ökologischem Gebiet ohnehin nicht mehr praktisch zu lösen sein.

Walser, Möllemann und die Deutschen

Das Gespenst des Antisemitismus treibt wieder sein Unwesen. Zwei Prominente, beide persönlichen Antisemitismus weit von sich weisend, haben maßgeblich dafür gesorgt, das Übel wieder ans Licht zu bringen.

Schon in seiner berühmt-berüchtigten Friedenspreisrede 1998 hatte Martin Walser für Eingeweihte durchblicken lassen, dass er vor allem seinen scharfen Kritiker Reich-Ranicki meinte, als er wortreich den Medien und gewissen Intellektuellen vorwarf, noch immer auf der Schande der deutschen Vergangenheit herumzureiten. Er selbst wolle endlich wegsehen. Weder das bei Ignatz Bubis ausgelöste Entsetzen noch die Unmengen suspekter Dankesbriefe brachten ihn in Verlegenheit. Es schien ihm nur recht, wie ein überfälliger Befreier von einem scheinbar unangemessenen Schamgebot bejubelt zu werden.

Vier Jahre später. Ausgerechnet für den geschichtsträchtigen 8. Mai 2002 lädt der Bundeskanzler eben diesen Martin Walser zu einem öffentlichen Gespräch über die Lage der Deutschen ein. Kurz darauf ein neuer Eklat: In seinem angekündigten neuen Buch, dessen Vorveröffentlichung die FAZ ablehnt, hat sich Walser wiederum Reich-Ranicki – diesmal unverhüllt – als Hassobjekt, sogar als fiktives Mordopfer auserwählt, den Mann, der nur wie durch ein Wunder die Hölle des Warschauer Gettos überlebt hatte. Selbst wenn Walser von seinem überbordenden Narzissmus tatsächlich nur zum Hass auf die spezielle Person getrieben worden wäre – dass er ihn zugleich als Juden an den Pranger stellt, kann seiner Intelligenz nicht entgangen sein, obwohl er sich genau so ahnungslos wie 1998 gibt.

Gleichzeitig genießt Jürgen Möllemann, ähnlich wie 1998 Walser, ungeniert den brausenden Beifall für seine öffentlichen Provokationen, die von einem bestimmen Publikum als Legitimierung antijüdischer Gefühle verschlungen werden. Ein halbherziger Rückzieher wird ihm als aufgezwungene Unterwerfung unter die political correctness nachgesehen.

Walser und Möllemann sind nicht nur, aber auch Symptome eines viel weiter reichenden Problems. Ihre Resonanz trifft mit einem in der Tat neuen Aufleben eingestandener antijüdischer Gefühle zusammen: 1999 konnten es nur 19 Prozent der Deutschen »gut verstehen, dass manchen Leuten Juden unangenehm sind«. 2002 ist die Zahl auf 33 Prozent angewachsen. Unverständnis für »unangenehme Gefühle« bekundeten 1999 55 Prozent, neuerdings sind es nur noch 37 Prozent.

Aus diesen Zahlen lässt sich nicht unmittelbar ein Einstellungswandel ablesen, denn man weiß nicht, in welchem Maße neuerdings nur ungenierter zugestanden wird, was vorher noch als peinlich verschwiegen wurde. Aber das macht den Befund nicht erträglicher. Die Frage ist aber auch und vor allem, warum die demokratische Öffentlichkeit nicht *schon längst* wachsamer reagiert hat. 1998 hatte Ignatz Bubis peinlicherweise noch große Mühe, sich gegen Walsers Ermutigung zum Wegsehen und gegen dessen »geistige Brandstiftung« zu behaupten. – War es nur Blindheit oder etwa gezielte Wahlkampfstrategie, dass sich Kanzler Schröder von seinen Beratern ausgerechnet Walser als repräsentativen Gesprächspartner zum 8. Mai 2002 auswählen ließ?

Und warum hat es die FDP erst so weit kommen lassen, dass Möllemann um der 18 Prozent willen seine Arme zum

Empfang von Wählergruppen ausbreitete, die in unserer demokratischen Kultur bislang keinen anerkannten Platz beanspruchen konnten? Diese Kultur steht jetzt auf dem Prüfstand. Es geht in der Hauptsache wahrlich nicht um Walser und Möllemann, auch nicht um die Politik Israels in Nahost, sondern primär um uns selbst. Nämlich ob wir die Immunitätsbarriere aufrecht erhalten können, die bisher in demokratischen Wahlkämpfen von innen heraus und nicht erst durch Moralkeulen schwingende Tugendwächter gegen antisemitische Stimmungsmache abzuschirmen half. Ob diese Schambarriere restabilisiert werden kann – nach Möllemanns von Westerwelle partiell unterstützten Entgleisungen –, das ist der Test, vor den wir alle, nicht nur die FDP, gestellt sind.

Noch eine Bemerkung am Rande: Natürlich fühlen sich die Deutschen durch die furchtbare Kette der Gewalt in Nahost aus ihrer eigenen Geschichte heraus besonders berührt. Eine Chance, diese Beunruhigung praktisch konstruktiv umzusetzen, lässt sich immerhin darin erkennen, an der Unterstützung der Friedenskräfte beider Seiten mitzuwirken, die nach allen Verletzungen und Leiden bereit sind, einen Weg zu friedlicher Verständigung und zum Zusammenleben in zwei ebenbürtigen Staaten zu suchen. Ebenso wie der deutsche Außenminister bemühen sich verschiedene hiesige Friedensgruppen um eine solche sinnvolle Hilfe.

Aus: »Jüdische Allgemeine«, 12/2002, 6. Juni 2002

Zur Psychoanalyse des Rechtsradikalismus

Vortrag auf der Konferenz »Rechtsextremismus und Fremdenfeindlichkeit in der demokratischen Gesellschaft«, Frankfurt am Main, 29. September – 1. Oktober 1994

Der Psychoanalytiker beschäftigt sich mit politischen Phänomenen wie dem Rechtsradikalismus oder dem Nazismus, wenn er es tut, auf besondere Weise. Er fragt nicht sogleich danach, was sind das für Menschen, die Ausländer hassen und nationalistisch denken oder gar mit solchen Vorstellungen und Gefühlen gewaltbereit sind. Sondern er schaut zunächst in sich hinein, welche Reaktionen sich in ihm selbst mit dem Phänomen verbinden. Was er etwa an innerer Verwandtschaft entdeckt, aber auch an Widerwillen, an Angst, an Bereitschaft zu Flucht oder umgekehrt zu aktiver Auseinandersetzung. Dabei wandern seine Gedanken zurück zu vergangenen konkreten Herausforderungen: Wie hat er sich, wie hat sich die eigene Gruppe benommen, wie verführbar, wie angepasst, wie standfest? Wie ist es zum Zweifel daran gekommen, ob es sich hier überhaupt um einen legitimen Gegenstand psychoanalytischer Forschung handelt?

Wenn die Hauptgruppe der Psychoanalytiker sich lange sehr schwer damit getan hat und z. T. immer noch tut, sich dem Nazismus und den neuen Varianten des Rechtsradikalismus systematisch wissenschaftlich zuzuwenden, so gewiss vor allem deswegen, weil die bedrückenden Erfahrungen unter dem braunen Terror langfristig entmutigend gewirkt haben. Man hatte seinerzeit alles versucht, die psychoanalytische Arbeit gegen den Zugriff der Machthaber zu schützen. Wilhelm Reich war ausgeschlossen worden, als er 1933 mit seinen entlarvenden Studien »Die Massenpsychologie des Faschismus« den Nazis entgegentrat. Dass er mit dieser Schrift die Gruppe in Gefahr brachte, war nicht der einzige, aber der erklärte Hauptgrund für seinen Rauswurf. Heinz Hartmann, gerade im Begriff, sich für eine lange Zeit als führender Theoretiker der Vereinigung zu etablieren, hatte 1936 versichert, dass der Psychoanalyse keinerlei Urteil darüber zustehe, ob eine Weltanschauung wünschenswert oder berechtigt sei. Mit Weltanschauung habe sie überhaupt nur insofern zu tun, als sie selber durch ihre Therapie die Einstellung zu den Mitmenschen, zur sozialen Bindung, zur Kunst usw. verändern könne. Das schrieb er ausgerechnet in dem Augenblick, da genau *umgekehrt* eine totalitäre Weltanschauung massivsten Druck zur geistigen Gleichschaltung der Menschen ausübte und da sich das Wiener Psychoanalytische Institut sogar gezwungen sah, den Analytikern nicht nur eigene politische Betätigung, sondern auch die Behandlung politisch engagierter Patienten zu untersagen. In Berlin gab es ja sogar das Verbot, in der Psychoanalyse politische Themen anzusprechen. (Dies hat mir noch vor kurzem ein ehemaliger jüdischer Ausbildungskandidat bestätigt, der ungenannt bleiben will.)

Praktische Notmaßnahmen waren eine Sache, eine andere ein lange nachwirkender programmatischer Rückzug aus dem Themenbereich Gesellschaft und Politik.

Der Schock der brutalen Verfolgung und die Kompromissversuche zur Rettung einer politisch neutralen Wissenschaft von der Seele bedeuteten eine Erinnerungslast, die jenes zitierte lange Schweigen in den psychoanalytischen Zentren zu politischen Themen allgemein und speziell zum Nazismus verständlicher machen. Dass dieses Schweigen ein einziges Mal durch eine größere wissenschaftliche Veranstaltung 1944 über »Antisemitismus« in San Francisco unterbrochen wurde, sei der Korrektheit halber angemerkt. Jedenfalls hätte in das wichtige Mitscherlich-Buch »Über die Unfähigkeit zu trauern« gut noch ein Kapitel über die schwierige Erinnerungsarbeit der Psychoanalytiker selbst hineingepasst. In Deutschland ist diese Erinnerungsarbeit dann endlich um 1980 intensiver in Gang gekommen.

Der 1984 von H. M. Lohmann herausgegebene Sammelband »Psychoanalyse und Nationalsozialismus« sowie das 1986 erschienene Buch von Regine Lockot »Erinnern und Durcharbeiten« stellen umfassend den Ertrag der Bemühungen dar, das Verhalten und das Schicksal der deutschen Analytiker unter Hitler kritisch nachzuzeichnen. Heftige Kontroversen entbrannten über die Einschätzung der Kompromisse, die seinerzeit die nichtjüdischen Berliner Mitglieder mit der Staatsmacht eingegangen waren. Etwa zur gleichen Zeit begannen Untersuchungen über die Nachwirkung der Hitlerzeit in deutschen Familien, insbesondere in solchen mit Nazitätern. Deutsche Analytiker beteiligten sich darüber hinaus an der klinischen Erforschung der psychischen Schäden von verfolgten Juden und ihren Nachkommen.

Dieses letzte Thema stand dann auch im Mittelpunkt des großen Internationalen Psychoanalytischen Kongresses in Hamburg 1985, dem ersten seit 1932 auf deutschem Boden. Die Spuren des Holocaust-Traumas in Gestalt psychopathologischer und psychosomatischer Störungen wurden anhand eindrucksvoller Krankengeschichten dargestellt. Aber zu dem offiziellen Thema: »Was war? Und wie konnte es geschehen?« kam nicht viel, etwa zur Psychoanalyse des Nazismus oder vielleicht gar ein Brückenschlag zu einem sich gerade neu regenden Rechtstrend in Deutschland. Die Frage, die der Außenseiter Wilhelm Reich seinerzeit bejaht hatte, ob es der Psychoanalyse überhaupt zustehe, sich mit den psychologischen Hintergründen aktueller politischer Phänomene zu beschäftigen, tauchte gar nicht erst auf. Sie wird bis heute überwiegend mit der Sorge verneint, dass die Psychoanalyse durch solche Aktivität ihre Grenzen überschreite und ihr Identität in Gefahr bringe.

Aber einzelne bedeutende Analytiker sind diesem Abstinenzgebot niemals gefolgt. Sie haben am Rande der Szene eine alternative Geschichte der politischen Psychoanalyse geschrieben. Das Ansehen, das sie sich teilweise in der Öffentlichkeit damit erworben haben, hat ihren marginalen Status innerhalb der Zunft weitgehend verdeckt. Es ist bezeichnend, dass die auf dem Gebiet der politischen Psychologie forschenden Analytiker sich auch persönlich in der einen oder anderen Weise praktisch politisch engagiert haben. Ich nenne nur ein paar Namen: Marie Langer, von den Nazis in Wien verhaftet, weil sie das politische Abstinenzgebot missachtet hatte, was sie beinahe den Ausschluss aus der Vereinigung gekostet hätte. Später musste sie vor der Diktatur in Argentinien fliehen. Noch einmal ist Wilhelm Reich zu erwähnen, der vor seiner Emigration in Berlin einen Verband gegründet hatte, zu dessen Forderungen gehörten: die Legalisierung von Homosexualität und Abtreibung, freie Aufklärung über Empfängnisverhütung, Einrichtung von Krippen und Kindergärten in größeren Betrieben und eine Lockerung des Strafvollzuges. Ernst Simmel, ein alter Freund Freuds, Gründer des Berliner Psychoanalytischen Instituts, war aktiv als Vorsitzender des Vereins Sozialistischer Ärzte und wurde in dieser Eigenschaft von den Nazis verhaftet. Otto Fenichel bemühte sich vor und auch noch nach seiner Emigration um den Aufbau bzw. die Erhaltung einer Gruppierung von sozialistisch orientierten Analytikern. Beide, Simmel wie Fenichel, gehörten zu den Hauptakteuren des zitierten Symposiums über Antisemitismus in San Francisco 1944, das sich als Gegenveranstaltung gegen das Treiben faschistoider und antisemitischer Agitatoren an der amerikanischen Westküste verstand. Alexander Mitscherlichs Widerstand unter Hitler, seine Verfolgung und Verhaftung durch die Gestapo sowie sein späteres Engagement dürften hier ebenso bekannt sein wie die politische Biographie Paul Parins, der im Krieg von der Schweiz nach Jugoslawien aufbrach, um dort ein Lazarett für die Partisanen aufzubauen und darin als Arzt zu wirken.

Hier geht es mir nicht um die Würdigung der politischen Biographien von gesellschaftskritisch forschenden Psychoanalytikern, sondern um den Zusammenhang, der offenbar zwischen erprobter persönlicher politischer Widerstandskraft und dem Motiv besteht, die unbewusste Unterwerfungstendenz unter rechtsradikale bzw. nazistische Denkmuster zu untersuchen. Umgekehrt erscheint dadurch die Beziehung zwischen eigener Anpassungserfahrung und einer Entpolitisierung der psychoanalytischen Interessen einleuchtend. Jedenfalls wird es davon abhängen, wie die Zunft der Psychoanalytiker die eigene Anpassungs- und Widerstandsgeschichte weiterhin verarbeitet, ob sie dem erkennbaren Aufblühen ethnozentristischer und minderheitenfeindlicher Ideen mit einem ihr angemessenen gewichtigen Beitrag zur kritischen Aufklärung begegnen wird.

Momentan sieht es aber oberflächlich so aus, als könnte man sich wissenschaftlich mit Phänomenen wie dem Rechtsradikalismus ohne besondere Konflikts- und Widerstandsfähigkeit beschäftigen, weil sich über dessen Verurteilung und Ächtung eine große Mehrheit einig ist, so einig, dass sich die Annahme einer neuen Variante von Verdrängung geradezu aufdrängt. In der Tat besteht diese offenbar darin, ein bedrückendes politisches Problem pausenlos entrüstet zu bereden und zu bereden, bis es verschwimmt und langweilig wird. Am Ende identifiziert man es nur noch mit seinen extremsten, grausamsten Auswüchsen, steigert sich dann periodisch gemeinsam zu einem selbstgerechten Entsetzen, was jede innere Verbindung zu dem, was da vermeintlich fernab an Bösem geschieht, unsichtbar macht. So entwickelt eine selbstgerechte Mehrheit eigenen Fremdenhass auf diejenigen, die sichtbar Fremde hassen und verfolgen. Diese Mehrheit hat natürlich gegen sich, wer diese Projektion untersucht und benennt. Aber Ablehnung kommt auch von den modischen Zynikern, die neuerdings die Sorge um Toleranz und Solidarität wie die Mühe um Trauerarbeit nur noch als kitschig und als Betroffenheitsidiotie verhöhnen – ich erinnere an Henscheids Satire in der FAZ über Mitscherlichs Buch »Die Unfähigkeit zu trauern«. Schließlich mehren sich in letzter Zeit Plädoyers für das Nationale und Autoritäre. Auch Phantasien von einer Art Öko-Faschismus tauchen auf, Sehnsucht nach einem Führersystem, das die beängstigenden Umweltprobleme mit diktatorischem Durchgriff löst. Also ist es auch heute ebenso unbequem wie dringlich, den psychologischen Nährboden näher in Augenschein zu nehmen, auf dem der Rechtsradikalismus wächst und demnächst weiter wachsen könnte.

Ein Merkmal dieses Nährbodens ist die gemeinhin weit unterschätzte Gefahr der *Flucht in einen neuen rechten Autoritarismus.* Zu bedenken ist da zunächst die ubiquitäre Hörigkeitsbereitschaft, die das Milgram-Experiment in verschiedenen Gesellschaften wie besonders auch in der unsrigen aufgedeckt hat. Im Widerspruch zur durchschnittlichen Selbsteinschätzung gibt es eine verbreitete latente Disposition, sich unter begünstigenden sozialen Umständen einer Führergestalt bis hin zu rechtem Gehorsamszwang zu unterwerfen. Die Demütigung wird nicht gespürt, wenn der Führer sich zu besonderer Idealisierung anbietet und das Gefühl vermittelt, dass man mit ihm und durch ihn an der Erfüllung einer großen Aufgabe teilnimmt. Dieses klassische Muster, das u. a. Reich und Mitscherlich am Fall des Nazismus studiert haben, kommt heute bei der Bildung von Neonazigruppen erneut deutlich zum Vorschein.

Ich mache hier einen Sprung hin zu dem instruktiven Film »Beruf Neonazi«. Da erklärt der junge Neonaziführer Althans völlig selbstgewiss, wie er junge Leute von der Straße – in seinen eigenen Worten – »einfängt«, um sie seiner Gruppe einzuverleiben. Zitat: »Das ist eine ganz leicht knetbare Masse, zu denen ich sagen kann: ›Steh stramm, wiederhole deine Anweisungen!‹« Aber dann hört man ihn in einer Ansprache an sein Gefolge: »Ihr seid eine Gruppe, die absolut ausstrahlt auf die Welt von heute!« »Ihr seid die Besten in Deutschland. Und das müsst ihr den Leuten jeden Tag zeigen, ob sie es wollen oder nicht. Ihr müsst provozieren, ihr müsst euer Gesicht zeigen.« Natürlich verrät er den so Gerühmten keineswegs, wie sehr er sie zugleich als knetbare Masse verachtet. Er verfolgt die bewährte Doppelstrategie, sich einerseits die Eingefangenen als Werkzeuge total gefügig zu machen, sie andererseits mit narzisstischen Größenillusionen vollzupumpen. Wer den Film kennt, wird sich an die leuchtenden Gesichter der jungen Zuhörer erinnern, als ihnen ihre führende Rolle zur Rettung des Volkes vorgegaukelt wird.

Ich habe den Film von einer Abiturientengruppe und mehreren höheren Gymnasialklassen in Frankfurt und Gießen diskutieren lassen und werde dieses Experiment weiter fortsetzen. Einigermaßen irritiert hat mich die Reaktion einer größeren Zahl der Jungen. Keiner stimmte den Propagandasprüchen des Althans inhaltlich zu. Aber das Inhaltliche schien vielen weit weniger wichtig als die Art, wie er sich aufführte und seine Umgebung beeindruckte. Die Rede war von seinem »starken Auftreten«, seiner »Überzeugungskraft«. »Faszinierend« wurde zum Standardprädikat. »Imponierend, wie er agiert, wie er spricht.« »Er führt die Reden total toll«, »kann unheimlich gut seine Meinung rüberbringen«, »kann echt reden«, »das hat mich auch 'n bisschen erschreckt«, »tritt sicher auf und lässt die anderen Leute irgendwie gar nicht zu Wort kommen«.

Wenn die Jungen in der Mehrheit fanden, man solle den Film in der Öffentlichkeit lieber nicht zeigen, weil unsichere Jugendliche dadurch sehr wohl für Althans geworben werden könnten, so verrieten sie in der Projektion indirekt, wie wenig standfest sie sich selber fühlten. Ähnliche Unsicherheit klang übrigens auch unverkennbar bei manchen politischen Gremien durch, die sich bei der Frage des Verbots des Films deutlich mehr über den Autor dieser Dokumentation ereiferten als über die erschreckenden Tatbestände, die er instruktiv entlarvte.

Diese Reaktion auf Rechtsradikalismus und Neonazismus findet der Psychoanalytiker mindestens so dringlicher Beachtung wert wie diese Erscheinungen selbst. Es ist der Widerwille dagegen, gezielt Augenmerk auf das politische Phänomen selbst zu richten, und die Neigung, sich statt dessen über diejenigen zu ärgern, die zum Hinsehen nötigen. Nur weil er kommentarlos abgebildet hat, was ist, verdächtigt man den Filmautor, den ich kenne, völlig zu Unrecht als Sympathisanten, während man den Neonaziführer seinen Propagandaladen mitten in München bis heute weiter betreiben lässt. In der Angst vor der Berührung mit den Bildern des Neonazismus, die sich als hochanständiger Ekel vor einer üblen Sache ausgibt, erkennt man im Ausland z. T. besser als hierzulande die dünne Schicht der Verdrängung über einer durchaus noch virulenten Gefahr. Dass sich hinter heftigem Abscheu in der Regel geheime Affinität zu dem Verabscheuten verbirgt, ist zwar längst banales Allgemeinwissen, aber das scheint den Abwehrmechanismus nicht zu stören.

In der Sicht der Psychoanalyse erscheint es indessen geboten, den Menschen ihre geringere oder auch größere Nähe zur Mentalität des Rechtsradikalismus *fühlbar* zu machen, damit sie sich über ihre etwaige eigene Ambivalenz klarer werden und diese nicht erst mit unschuldigem Erstaunen bei Polizei und Justiz wahrnehmen. Theoretische Einsichten über die psychischen Mechanismen im Hintergrund extrem rechter Strömungen bleiben solange wirkungslos wie Deutungen in einer psychoanalytischen Therapie, wenn diese nur intellektuell verarbeitet werden. Deshalb eben sind Filme wie der Bonengel-Film »Beruf Neonazi« überaus nützlich. Die Zuschauer werden unmittelbar mit den Menschen einer Szene konfrontiert, die sonst nur mit ihren gewaltträchtigen kriminellen Auswüchsen in die Medien zu gelangen pflegt. Sie müssen mit ihren Gefühlen reagieren und können an diesen etwas über sich lernen, wobei ein Psychoanalytiker, der anschließende Diskussionen begleitet, sich nützlich machen kann. Ich habe es übrigens auch als psychoanalytisch sinnvolle und nicht bloß als *politische* Intervention verstanden, als ich die Produktionsfirma in der Bemühung um Freigabe des Films in einem Moment unterstützt habe, da bei maßgeblichen politischen Instanzen die Verbots-Initiativen überwogen. Inzwischen sind, was nicht verschwiegen werden soll, alle Verbote glücklicherweise vom Tisch.

Der Zugang über Filme und deren Verarbeitung kann indessen nicht die *unmittelbare Erfahrung* mit Menschen aus der rechtsradikalen Szene ersetzen. Angehörige solcher Gruppen tauchen nun aber kaum in der Praxis von Psychoanalytikern auf. Sie finden es mit ihrem Selbstbild unverträglich, sich im Falle psychogener Symptome für eine introspektive Therapie zu öffnen. Daher müssen Psychoanalytiker, wenn sie aus erster Hand Informationen gewinnen wollen, aktiv Kontakt mit entsprechenden Partnern suchen. Das verlangt die Überwindung Angst, auch von Widerwillen, schließlich die Einschränkung der wissenschaftlichen Erwartung, da die Bedingungen für tiefer lotende analytische Erkundungen alles andere als günstig sind. Dass solche Versuche dennoch sinnvoll und ertragreich sein können, beweist beispielhaft die Berliner Analytikerin Gertrud Hardtmann. In schwierigen Gesprächen zwischen Tür und Angel und in so genannten Sozialen Trainings, angeordnet von Jugendrichtern, gelingt es ihr, sich in die innere Verfassung von Jugendlichen des rechtsextremistischen Spektrums bemerkenswerte Einblicke zu verschaffen.

Ich möchte hier indessen ein Beispiel aus der eigenen Erfahrung vortragen. Über Winfried Bonengel, den Autor des Films »Beruf Neonazi«, ist es mir gelungen, Verbindung mit dem ausgestiegenen Neonaziführer Ingo Hasselbach aufzunehmen, der manchen von Ihnen vielleicht schon durch sein Buch »Die Abrechnung« bekannt geworden ist. Ich traf auf ihn als Flüchtling, der sich bis heute in einem Exil vor seinen auf Fememord sinnenden ehemaligen Freunden verbergen muss. Einem versuchten Anschlag mit 650 Gramm (!) Sprengstoff wäre fast schon seine Mutter zum Opfer gefallen. Mir begegnete er von vornherein mit bemerkenswerter Vertrauensbereitschaft, ich ihm zunächst hauptsächlich mit analytischer Neugier, dann mit zunehmendem Interesse, ihn aktiv zu unterstützen.

Seine Geschichte ist die eines Revolutionärs, der – wie er selber sagt – statt bei den Neonazis ebensogut bei der RAF hätte landen können. Aufgewachsen ist er in Ostberlin. Seine Rebellion bereitete sich früh vor, nämlich als sein Stiefvater, den er für seinen Vater hielt, ihn als Fünfjährigen laufend prügelte, nachdem sein jüngerer Halbbruder auf die Welt gekommen war. Die arbeitende Mutter konnte ihn nicht schützen. Dass ein vermeintlicher Bekannter der Mutter sein leiblicher Vater war, erfuhr er als Siebenjähriger ganz beiläufig. Aber auch von diesem fühlte er sich im Stich gelassen. Stiefvater und Vater waren aktive orthodoxe Kommunisten. Bald wurde Ingo zu einem Straßenkind, zog mit Punks umher und beteiligte sich eifrig an gemeinsamen Klauereien wie am Anpöbeln von Polizisten und Touristen. Dreizehn war er, als er von der Stasi bereits als »Störer des sozialistischen Zusammenlebens« erfasst wurde, siebzehn, als eine Serie von Haftstrafen begann, zum ersten Mal ausgelöst durch seinen Ruf: »Die Mauer muss weg.« Sein zunächst noch eher diffuser Hass, gesteigert durch die in den Gefängnissen erfahrenen Brutalitäten, bekam eine spezifisch politische Richtung, als er eine Zeitlang in einem Kriegsverbrechertrakt eingesperrt war. Dort lauschte er gespannt den Geschichten hoher Ex-Nazis und ihren Anklagen gegen den DDR-Staat. Es war, wie er sagt, genau das, was er damals suchte. Was ihn und seine Kumpane dann endgültig in der Neo-Nazi-Gruppierung zusammenschweißte, waren im wesentlichen vier prägende Momente:

Erstens der gemeinsame Besuch rechter Rockkonzerte mit Bands in der Art von »Störkraft«. Eine dieser rechtsextremen Musikgruppen hatte sich in seiner Jugendhaftanstalt gebildet.

Zweitens übte Michael Kühnen, damals unbestrittene Führergestalt in der Szene, auf ihn einen sehr starken Einfluss aus. In seiner Sprache klingt das so: »Kühnen, der hat acht Jahre im Gefängnis gesessen, war ein Idealist, der begeistern konnte. Ein wahnsinnig netter Mensch, ein lieber Mensch. Er hatte eine wahnsinnige Ausstrahlung. Hat ja auch selbst nie Gewalttaten begangen. Hat nur für Meinungsäußerungen gesessen.« »Andere, wenn man mit denen redet, da hat man so das Gefühl – der hört sich das mal an oder so. Aber bei dem, da hat man von Anfang an das Gefühl gehabt, dass er sich voll identifizieren kann mit dem, was du sagst, was du für'n Problem grade hast. Und das ist 'ne Sache, die ich selbst bei meinen engsten Freunden, die ich zwanzig Jahre kenne, nicht feststellen konnte.«

Drittens faszinierte es ihn und seine Mitstreiter, den verhassten Staat unter Druck setzen und zu Gegenmaßnahmen zwingen zu können. »Ein wahnsinniges Gefühl, wenn du weißt, dass wegen dir soundsoviele Polizisten aufgeboten sind.« »Man macht da so total Verbotenes. Man wird von allen Seiten überwacht. Man wird total geächtet. Das gibt einem Auftrieb letztlich. Eine verschworene Gemeinschaft, eine Märtyrerrolle.« – Mit dem Grad der öffentlichen Empörung und des Aufwandes staatlicher Gegenmaßnahmen wuchs bei ihnen also nicht etwa die Einschüchterung, sondern ihr Stärke- und Bedeutungsgefühl – ein Unterschied zur Reaktion rechter Mitläufer.

Die *Inhalte* der Nazi-Ideologie erst an *vierter* Stelle zu nennen, haben für Ingo Hasselbach nur eine ergänzende Rolle gespielt. Die Theorie war für ihn, wie er sagt, nie Glaubenssache. Kühnen habe sogar einmal die Idee entwickelt, sich für eine gewisse Zeit mit den linken Autonomen zu verbünden, um den Staat gemeinsam platt zu machen. Er, Hasselbach, habe deshalb das Gespräch mit den Autonomen gesucht, aber die hätten ihm gleich vorgeworfen, dass Kühnen sie nur für eine eigene Strategie missbrauchen wolle. Der Hass auf Ausländer und Juden sei allerdings ein wichtiges Bindemittel für die Organisation, zumal seit der Zeit, da der DDR-Staat als Feindobjekt weggefallen sei. Das Maß der innerhalb der Gruppe gestauten Aggressivität, die durch den Fremdenhass abgelenkt werde, habe er allerdings erst vollständig an der mörderischen Erbitterung erkannt, die er nun durch seinen Ausstieg selber abbekommt.

Steigt jemand zum Führer einer 800 Mann starken Neonazi-Organisation auf, so muss schon einiges an ihm typisch für diese Szene sein. Was ist das? Wenn Gertrud Hardtmann die These vertritt, dass Jugendliche nicht ansprechbar für rechtsradikale Propaganda wären, wenn sie Erfahrungen mit guten und verlässlichen Vätern gehabt hätten, so passt Hasselbachs Biographie jedenfalls gut zu

120

dieser These. Typisch ist dann wohl auch, wie die rechts-radikale Rockszene dem Vaterhass eine Sprache geben und Gefühle der Zusammengehörigkeit in einer großen Protestgemeinschaft vermitteln kann.

Die Spuren des dramatischen Vaterkonfliktes können, wie im vorliegenden Fall, auf zwei unterschiedlichen Wegen verlaufen. Der eine ist der Impuls, zum Kampf gegen alle Repräsentanten der verhassten Vater-Autorität anzutreten. Dieser Drang kann in der pubertären phallisch-narzisstischen Befriedigung stecken bleiben, also sich in der Genugtuung erschöpfen, große Aufregung zu provozieren, Polizei und Politiker auf Trab zu bringen und sich in den Medien zur Schau stellen zu können. Er kann sich aber auch zu der phantastischen Größenidee steigern, am Ende die politische Macht tatsächlich erringen zu wollen.

Die andere Spur wird durch die angestaute und abgespaltene Sehnsucht bestimmt, für die entgangene Vaterliebe Ersatz zu suchen. Dieses Bedürfnis macht die Auslieferung an ausstrahlende Führergestalten verständlich, die einerseits unbedingte Anpassung verlangen, andererseits den bereitliegenden antiautoritären Impulsen Erfüllung versprechen. Es ist die Widersprüchlichkeit, die Wilhelm Reich bereits in seiner »Massenpsychologie des Faschismus« 1933 erörtert hat. Nun war Michael Kühnen offenbar besonders befähigt, solche zwiespältigen Erwartungen der Jugendlichen aufzunehmen und zu handhaben. Das harte autoritäre Führerprinzip, das er uneingeschränkt vertrat, milderte er durch seine Erscheinung als verehrungswürdiger Idealist, als Märtyrer für seine Ideen, als gefeit gegen persönliche Gewaltanwandlungen, vor allem als zuhörender und fürsorglicher Freund für alle und jeden aus seinem Gefolge. Er stellte offenbar, wie es Freud schon 1920 beschrieben hat, den klassischen Führertyp dar, der seine Leute an sich und aneinander zu binden versteht, indem er erreicht, dass alle ihn in gleicher Weise an die Stelle ihres Ich-Ideals setzen.

Wie es Kühnen war, der Hasselbachs Bindung an die Organisation gefestigt hatte, so war es am Ende ein anderer freundschaftlicher Berater, nämlich Winfried Bonengel, der ihm sich aus eben dieser Bindung zu befreien half, als Hoyerswerda, Rostock und Mölln ihm allerdings seinen Irrweg bereits endgültig klargemacht hatten. Neben Bonengel fand er übrigens noch eine wichtige andere Stütze in einer sensiblen, aber sehr charakterstarken jungen Frau, die ihn auffing, als sich für ihn unmittelbar nach dem Ausstieg nur ein großes Loch auftat. Und dann ist da noch seine Mutter, die, auch wenn sie ihm in der Kindheit keinen hinreichenden Halt geben konnte, dennoch immer zu ihm gestanden hat und jetzt fast statt seiner dem Fememord-Anschlag seiner ehemaligen Freunde zum Opfer gefallen wäre.

Es gehört jedoch noch zur Psychologie des Gesamtphänomens Rechtsradikalismus, danach zu fragen, wie es einem ergeht, der mit seinem Ausstieg genau das schafft, was die große Mehrheit aufs Dringlichste zu wünschen vorgibt. Da kehrt einer nach einem schmerzhaften inneren Prozess dem Neonazismus den Rücken und leistet alsbald sogar wichtige Aufklärungshilfe, von der präventive Jugendarbeit künftig wird profitieren können. Zunächst hat es den Anschein, als heiße man den Gewandelten willkommen. Er wird in den Medien vorgezeigt, auch zu der einen oder anderen Diskussion eingeladen, von jüdischen Gruppen, sogar vom Goethe-Institut. Aber dann fällt er wieder in die Isolation und erlebt, dass momentan andere Varianten von Gesinnungswandel weit mehr Sympathie ernten.

In den Feuilletons wird der Verrat an linker »correctness« bejubelt. Unter allen Beispielen von Verrat, die das Kursbuch 116 würdigt, kommt seiner nicht vor. Gefeiert und mit Beistandsangeboten wird auch zur Zeit überhäuft, wer gegen islamischen Fundamentalismus rebelliert. Aber einem Verräter am Neonazismus, der täglich, wenn er sein Exil verlässt, um sein Leben bangen muss, ergeht es in unserem Lande anders. Dafür, dass er sich nach dem gegen ihn verübten Mordanschlag der Bundesanwaltschaft offen anvertraut hat, sieht er sich nun von dieser mit allem Eifer durch ein Ermittlungsverfahren wegen Gründung bzw. Mitgliedschaft in einer terroristischen Vereinigung bedroht. Diese Bundesanwaltschaft ließ kürzlich erst die Wohnungen seiner Mutter, seiner Freundin und seiner Meldeadresse durch das Bundeskriminalamt durchsuchen und gibt der Presse über das Ermittlungsverfahren gegen ihn Auskunft, noch bevor sie seiner Anwältin Akteneinsicht gewährt hat. Der jüngste Verfassungsbericht brandmarkt ihn öffentlich. Das erlebt er also ungeschützt, fast isoliert, nach wie vor von denen akut bedroht, die schon vorsorglich in dem Szene-Info »NS Denkzettel« seinen Tod gemeldet haben.

Benehmen sich die Sicherheitsbehörden nun so sonderbar, wie sie es tun, nur aus eigener Willkür, oder drücken sie nicht vielmehr ein weitverbreitetes inneres Unbehagen aus, so einen wie Ingo Hasselbach wieder in die Gemeinschaft aufzunehmen? Wenn man ihn draußen hält, kann man besser den eigenen Anteil abgespalten draußen lassen, den man in sich nicht sehen will. Wer Hasselbachs Umkehr – wie es viele tun, die ihn nicht kennen – als unecht und opportunistisch hinstellt, mag sich dies als Beweis legitimen Misstrauens oder eines angemessenen moralischen Anspruchs zurechnen, sträubt sich in Wahrheit aber nur, eine Sündenbock-Projektion zurückzuziehen.

Kritisch zu überprüfen ist aber sehr wohl die extrem entgegengesetzte Reaktion, die etwa so aussieht: Natürlich ist der Hasselbach einer von uns Guten, nur durch sein böses Kindheitsschicksal in eine ihn und uns allen zutiefst fremde Szene hineingetrieben, aus der er nun endlich dahin zurückgekehrt ist, wohin er immer schon gehörte. Wer solche Nähe zu dem jungen Mann verspürt, sollte doch auch den Gedanken zulassen, dass traumatisierende soziale Erfahrungen nur etwas durchbrechen lassen können, was auch in ihm selber – und in uns allen steckt.

Birgit Hogefelds Versuch, die eigene Geschichte und diejenige der RAF zu begreifen

Birgit Hogefeld gibt in einer Erklärung, die sie am 21. Juli 1995 verfasst und später in ihrem Prozess verlesen hat, ausführlich autobiographisch Auskunft – darüber, wie sie das Verschweigen der Nazischuld in ihrer Familie erlebte, wie sie sich von den Eltern abgrenzte, wie sie innerhalb der 68er-Bewegung zunächst zu sozialem Engagement für türkische Kinder und selbstorganisierte Jugendliche gelangte, bis sie über die »Rote Hilfe« schließlich Anschluss an die RAF fand. In der Folge verschmilzt ihre persönliche Geschichte mit derjenigen der RAF, mit deren Konzepten und Verirrungen sie sich kritisch und selbstkritisch auseinandersetzt. Von hier ab ist kaum noch von persönlichem Handeln und Fühlen, fast nur noch von der Politik der Gruppe, deren Abspaltung von den gemäßigteren Linken und einem zunehmenden sektiererischen Realitätsverlust die Rede. Indessen lässt der Bericht den Versuch der Autorin spüren, über die theoretische Auseinandersetzung ihre Identität als individuelle Person zurückzugewinnen. So schreibt sie: »Ich denke, ohne die eigene Geschichte zu begreifen, kann niemand etwas Neues anfangen, es sei denn, er oder sie schneidet alles hinter sich ab, was ja auch viele gemacht haben.«

Es wird nicht an Lesern fehlen, die »Psychosozial« die Veröffentlichung dieses Textes übelnehmen werden. Noch immer wird hierzulande ein Tabu gepflegt, das eine komplette und dauerhafte geistige Ausgrenzung der RAF-Mitglieder verlangt, sofern diese ihre Geschichte nicht wie eine psychotische Verrücktheit verwerfen. Wer diese Menschen verstehen und ihr Bemühen, sich selbst zu verstehen, der Öffentlichkeit zugänglich machen will, setzt sich sonderbarerweise dem Verdacht aus, er billige ihre Taten. Ich erinnere mich, dass in der FAZ irgendwann genauso unverblümt argumentiert wurde, nämlich, dass bereits das bloße Verstehen-Wollen ein geheimes Einverständnis mit den Morden der RAF-Täter anzeige. Ein Vorwurf, den vergleichsweise nicht zu hören bekommt, wer sich für die Beweggründe von Lustmördern interessiert. Bekanntlich hat man den Triebtäter Haarmann sogar gerade wieder im Film auferstehen lassen, um an seinen Gedanken und Gefühlen Anteil nehmen zu können.

Dass die Berührung mit RAF-Leuten oder auch nur mit ihren schriftlichen Zeugnissen auf ein spezielles Tabu stößt, bezeugt die in unserer Gesellschaft immer noch grassierende Angst, die Ideen jener Gruppe könnten neues Unheil stiften, wenn man ihre überlebenden Repräsentanten nicht völlig unsichtbar und stumm macht. Das Unheimliche liegt eben darin, dass diese Menschen eben ursprünglich keine verrückten Sonderlinge waren, sondern unauffällige Jugendliche, die z. B. wie Birgit Hogefeld an ein Musikstudium dachten und Orgelbau lernen wollten. Sie nahmen wie zigtausend andere an den 68er-Protesten teil, die ihnen als Vermächtnis der Nazi-Opfer auferlegt schienen.

Aber wie kam es nun, dass Einzelne sich am Ende nicht der Musik und dem Orgelbau zuwandten und sich auch nicht mit der damals üblichen sozialen Projektarbeit begnügten, sondern zum bewaffneten Kampf aufbrachen? Warum schlug bei diesen die Identifizierung mit den Opfern der Nazi-Verbrechen und der Napalm-Bombardements in Vietnam in eigene eskalierende Militanz um? Und wie konnte es geschehen, dass sie ihre subversivere Rebellion sogar vor sich selbst und den gemäßigteren Linken eine Zeitlang als den konsequenteren moralischen und politischen Weg darstellen konnten?

Dazu müssen doch zuallererst diejenigen gehört werden, die einen solchen Weg eingeschlagen haben. Wer deren Denken und Tun von vornherein als unbegreiflich zu erklären verlangt, verleugnet, dass das Phänomen RAF, das unsere Gesellschaft jahrelang aufgewühlt hat, gegen alle Widerstände dem Begreifen zugänglicher gemacht werden muss.

An den von der RAF begangenen Morden gibt es nichts zu beschönigen und zu verharmlosen. Ob und wieweit Birgit Hogefeld in solche Taten verstrickt war, weiß ich nicht. Sie distanziert sich davon, dass Menschen wie der amerikanische Soldat Pimental (dessen Ausweis man habhaft werden wollte) und die Geiseln der Flugzeugentführung zu bloßen Objekten gemacht und ermordet bzw. mit Ermordung bedroht wurden. Über die genannten RAF-Anschläge verliert sie kein Wort. Immerhin gehört sie zu denen, die 1992 einen Gewaltverzicht gegen Führungspersönlichkeiten aus Politik und Wirtschaft angekündigt haben. Als jemand, der über 20 Jahre mit der Gruppe verbunden war, bekennt sie, dass sie »für die gesamte Geschichte Verantwortung trage«. Sie will nicht, »dass andere unsere Fehler wiederholen, weil wir nicht darüber reden«. Damit wendet sie sich sowohl an solche Gruppenmitglieder, die sich nur kopfschüttelnd von der eigenen Geschichte wie von einem großen Unfall abwenden als an solche andere, die keine Kritik an ihrem Tun aushalten.

Aber es ist auch nötig, dass wir Außenstehenden uns dieses Reden anhören, anstatt uns die Ohren zuzuhalten oder uns das Zuhören verbieten zu lassen. Genau um dieses Verbot hat sich im Prozess der Frankfurter Senat äußerst bemüht, der in einem Beschluss bestimmte: »Die Angeklagte ist von der Außenwelt streng getrennt zu halten.« Als Pfarrer Hubertus Janssen um Besuchserlaubnis ohne Trennscheibe und polizeiliche Zuhörer nachsuchte, wurde ihm das strikt verwehrt. Auch eine Intervention des Bischöflichen Ordinariats Limburg, das dem Pfarrer ausdrücklich hohe Kompetenz in der pastoralen Begleitung von Gefangenen bescheinigte, half nichts. Die gleiche Ablehnung erhielt Hubertus von Braunmühl, Bruder des von der RAF getöteten Gerold von Braunmühl.

Aus der eigenen Szene erlebt Birgit Hogefeld wütende Angriffe. Von unentwegt selbstgerechten Ex-Genossen wird sie wegen ihrer kritischen Gedanken zur Verräterin gestempelt. So wird ihr von zwei Seiten her Schweigen verordnet. Eine groteske heimliche Allianz von Obrigkeit und Starrköpfen aus der RAF verwehrt ihr jeglichen Dialog als Hilfe in ihrem Nachdenkprozess, der nicht nur ihrem Selbstverständnis dienlich wäre, sondern auch die dem Phänomen RAF dringend zu widmende Aufklärungsarbeit voranbringen könnte. So gibt es also genügend Gründe, sie darin zu unterstützen, ihre Erklärung zur Diskussion zu stellen.

Aus: »Versuche, die Geschichte der RAF zu verstehen«, Gießen: Psychosozial-Verlag 1996

Erinnern, um vorzubeugen

Rede an der Gedenkstätte Breitenau bei Kassel, 7. Juni 2001

1966 schrieb Karl Jaspers in einem Aufsatz »Aspekte der Bundesrepublik«: »Heute droht kein Hitler und kein Auschwitz und nichts Ähnliches. Aber die Deutschen scheinen durchweg noch nicht die Umkehr vollzogen zu haben aus einer Denkungsart, die die Herrschaft Hitlers ermöglichte ... Um unseren sittlich-politischen Zustand zu durchschauen, dazu bedarf es der Kenntnis der Geschichte im Tatsächlichen und im Verstehbaren.«

Diese Worte fielen zwei Jahrzehnte nach dem Ende des Hitler-Regimes. In der Tat war immer noch verbreitetes Widerstreben bemerkbar, genauer zu ergründen, was im Tatsächlichen vorgefallen und wie es möglich geworden war. Die Experten für Zeitgeschichte zögerten noch, Planung und Durchführung des Holocaust systematisch zu untersuchen und zu dokumentieren. Sie befanden sich in stillschweigender Übereinkunft mit einer großen Mehrheit, die dieses furchtbarste nationalsozialistische Verbrechen – wie auch andere – als unbegreiflich und unverstehbar von sich fortrückte. Es galt als eine unergründliche und unvorhersehbare Wahnsinnstat Hitlers und Heydrichs, gemeinsam mit einigen SS-Spießgesellen geplant und verübt, als hätte es keine Vorbereitung durch eine systematische rassistische Diskriminierungspolitik, durch inszenierte Pogrome, schließlich durch das offiziell verkündete Kriegsziel gegeben, wonach die jüdisch-bolschewistische bzw. die jüdisch-plutokratische Weltverschwörung für alle Zeiten vernichtet werden müsse; und als hätte der Völkermord nicht der tätigen Mitwirkung Zigtausender in den Verwaltungen, bei Bahn, Polizei und anderen Diensten in Deutschland selbst und den besetzten Gebieten bedurft. Einbezogen waren Massen von Helfershelfern, von Menschen, ausgestattet mit normalen Sinnen, mit der Anlage zum Mitfühlen und Mitleid, mit einem Empfinden für Recht und Unrecht, für Menschlichkeit und Unmenschlichkeit. Was war es, das diese elementaren humanen Eigenschaften bei ihnen außer Kraft setzte? Es war keine Psychose, keine Bewusstseinsstörung, auch kein sonstiger psychopathologischer Ausnahmezustand. Was aber denn? Diese Frage nach dem Verstehbaren, die Jaspers forderte, musste geklärt werden. Nicht nur die Fakten mussten wissenschaftlich zusammengetragen und ausgewertet, sondern auch die Beweggründe der Täter, der willfährig Mitwissenden, der verantwortungslos Wegsehenden waren zu untersuchen.

Aber eben dazu fehlte vorerst die Kraft. Alexander und Margarete Mitscherlich beschrieben 1967 »Die Unfähigkeit zu trauern«. Nach ihrer Feststellung schreckten die Deutschen vor der vernichtenden Kränkung ihres Selbstwertbewusstseins zurück, die mit einer trauernden Verarbeitung des Verlustes des idealisierten Hitler verbunden gewesen wäre. Dem vollständigen Zusammenbruch der Identität habe man durch Verleugnung, durch Flucht vor der Erinnerung entgehen wollen.

Viele gab es aber auch, die Hitler keineswegs als verinnerlichtes Ideal mit sich getragen, aber in hörigem Gehorsam mitgemacht hatten, was immer man ihnen vorgeschrieben hatte. In der Verlorenheit und Verlassenheit nach dem Zusammenbruch des Systems suchten sie nun verzweifelt nach neuem Halt. Den fanden sie im Westen prompt bei der großen amerikanischen Siegermacht, die ihnen zu einer rettenden Identitätsstütze wurde. Wäre ihre innere Hitlerbindung von der Stärke gewesen, wie sie die Mitscherlichs annahmen, hätten sie kaum in Windeseile die Umstellung fertiggebracht, die allen Prognosen prominenter Psychologen wie etwa Kurt Lewins widersprach, wonach es Jahrzehnte dauern würde, ehe die von Hitler indoktrinierte und verdorbene Jugend zu demokratischem Denken fähig werden würde. Statt dessen sog auch diese Generation der Westdeutschen geradezu begierig auf, was ihr Amerika an politischen und wirtschaftlichen Rezepten, an Verhaltensmustern und Moden lieferte. Gestern noch Hitler bis zum grausigen Ende folgsam, präsentierten sie sich bald darauf als geistige Halb-Amerikaner, die verständnislos auf ihr Gestern zurückblickten, als seien sie dies gar nicht selbst gewesen.

Dieser verblüffend schnelle Wandel lässt sich kaum anders deuten, als dass eine hörige Abhängigkeit sich nach Verlust der alten an eine neue Autorität angekoppelt hatte. Zum Glück war die neue Autorität nun von solcher Art, dass sie diese Ergebenheit nicht missbrauchte, vielmehr den Weg für das Hineinwachsen in demokratische Strukturen freimachte.

Momentan war die tiefsitzende Gehorsamsbereitschaft also der äußeren Erneuerung im Westen durchaus förderlich. Es passte den Siegern, in den Besiegten eifrige Musterschüler vorzufinden, die getreulich übernahmen, was man ihnen anbot, und nach kurzer Zeit alles taten, um sich verlässlich auf westlicher Seite in die Front gegen den neu erstandenen östlichen Gegner im Kalten Krieg zu integrieren. Den Besiegten wiederum erleichterte die Geborgenheit in der Obhut der Siegermacht einen relativ spannungsfreien Wiederaufbau, aber eben auch ein Verdrängen der Vergangenheit: Was wir gestern angerichtet haben, das ist mit uns gegen unser wahres Wesen gemacht worden. Da waren wir nur hilflose Werkzeuge. Jetzt, von der Diktatur befreit, können wir unser eigentliches Selbst zeigen. Man verwechsle uns also bitte nicht mit denen, die gestern als Entmündigte missbraucht wurden.

Aber dieses schonende Selbstporträt hatte einen schweren Fehler, nämlich die Unterschlagung des eigenen Beitrags zu der beklagten Entmündigung. Wenn Jaspers von einer Denkungsart sprach, die Hitler möglich gemacht habe, so meinte er ganz speziell auch diese Auslieferungsbereitschaft, nämlich ein Abhängigkeitsbedürfnis, das der Manipulierbarkeit Tür und Tor öffnete. Mit diesem Bewusstsein präsentierten sich zahlreiche Angeklagte in Naziverbrecher-Prozessen. Typisch war etwa die von Hannah Arendt zitierte Antwort des mächtigen Hitler-Generals Jodl, als er erklären sollte, warum er und die anderen ehrbewussten Generäle mit unkritischer Loyalität einem Mörder gehorcht hätten: Es sei doch nicht die Aufgabe des Soldaten, sich zum Richter über seinen Oberbefehlshaber aufzuwerfen. Das möge die Geschichte tun oder Gott im Himmel. Ohne dass sie es ähnlich pathetisch hätten ausdrücken können, erlebten sich Massen von kleinen Tätern unter einem ähnlichen, für sie selbstverständlichen Gehorsamszwang, der freilich zur Tugend ehrenhafter Treue umetikettiert worden war.

Diese wie selbstverständliche Ausschaltung des Gewissens zugunsten eines Hörigkeits-Automatismus stellt eines der Phänomene dar, deren Erhellung und Aufarbeitung ein besonderes Augenmerk verdienen. Es beruht auf einem zumal in Gesellschaften mit autoritärer Tradition wie der deutschen schon in der Kindheit gebahnten Mechanismus. Gelernt wird, Gewissensangst in Strafangst zu verwandeln. Innerlich gefühlte moralische Skrupel werden unterdrückt, wenn sie mit äußeren Vorschriften von Autoritäten kollidieren, die das Sagen in sozialen Strukturen haben, in die man eingebunden ist. Es vollzieht sich damit eine Externalisierung des Gewissens, die kaum oder gar nicht bewusst wird. Denn im Kopf bleiben die moralischen Wertvorstellungen ja erhalten, auf die sich auch die Gehorsam fordernden Autoritäten um so nachdrücklicher zu berufen pflegen, je weniger sie diese selbst achten. So schrumpfen die Wertvorstellungen von verbindlichen Forderungen zu kraftlosen abstrakten Gebilden. Niemals hätte eine noch so massive rassistische Hetze mit dem Schreckgespenst einer angeblichen antideutschen Verschwörung des Weltjudentums den Holocaust durchführbar gemacht, hätten sich die Anstifter und Organisatoren nicht des Gehorsams-Automatismus von Massen selbstentmündigter Helfershelfer sicher sein und seiner bedienen können.

Zur Aufhellung des Verstehbaren hätte es also nach dem Krieg des Mutes bedurft, sich von der pauschal exkulpierenden Werkzeugtheorie zu lösen und die Schuld für die Enteignung der Verantwortung anzuerkennen. Aber von diesem Mut war längere Zeit wenig vorhanden. Er reichte ja vorerst nicht einmal, um über das Geschehene auch nur offen zu sprechen. Was die Kriegs- und KZ-Verbrecherprozesse und die formelle Entnazifizierungsaktion aufwühlten, wollte man schnell hinter sich lassen. Es kam zu einer Übereinkunft des Schweigens, die bis in die Familien hineinreichte. Die Eltern redeten nicht. Die Söhne und Töchter zögerten mit dem Fragen. Aber sie spürten das unverarbeitete Verdrängte und mit der Zeit ein Unbehagen darüber, dass die Elterngeneration ihnen unbewusst einen Berg eigener unerledigter Probleme zuschob. Immerhin dauerte es über zwei Jahrzehnte, ehe die Heranwachsenden aufbegehrten.

Das geschah dann 1968 in der Studentenrebellion. Väter, Mütter, Lehrer, Professoren, Chefs wurden zur Rede, genauer gesagt: gleich an den Pranger gestellt. Gestehen sollten sie, dass sie noch durch und durch vom Nazigeist verseucht und finster entschlossen seien, überall faschistische Strukturen zu erhalten oder wiederzubeleben. Obwohl er vom Marxismus kaum Genaueres wusste, begeisterte sich ein großer Teil der studentischen Jugend spontan für diese Heilslehre in der Gewissheit, damit die Amerika-gläubige Mehrheit der älteren Generation besonders wirksam provozieren zu können. Man gab vor, endlich eine Diskussion mit den Älteren und insbesondere mit der Machtelite erzwingen zu wollen. Statt dessen geriet die Revolte schnell zu einem Tribunal, in dem man die Angegriffenen kaum mehr zu Wort kommen ließ. Der Aufstand überschlug sich und nahm, wie Herbert Marcuse bemerkte, die Form eines pubertär ödipalen Kampfes an und konfrontierte schließlich die Rebellen mit der Erkenntnis, dass sie vieles von dem Autoritarismus reproduzierten, den zu demaskieren sie angetreten waren.

Dennoch hinterließ die Bewegung nach ihrem Zusammenbruch Nachwirkungen, die erst in späterer Rückschau in ihrer Bedeutung voll erkennbar wurden. Einiges an Verdrängung war aufgebrochen. Es war der Versuch gescheitert, die Gesellschaft durch frontalen Angriff auf ihre Strukturen zu verändern, aber es machte sich eine neue soziale Sensibilität bemerkbar, eine Welle der Solidarität mit den Schwachen und den sozial Benachteiligten. Zahlreiche

Aktivisten der Protestgeneration strömten zur Psychoanalyse, also zu einem Verfahren, das auf Heilung durch Rekonstruktion von Erinnerungen baut. Vorbilder waren politisch engagierte Psychoanalytiker wie Reich, Fromm, Bernfeld. Aber es kam zutage, dass es speziell in der deutschen Psychoanalyse auch Versäumnisse, Uneindeutigkeit und Opportunismus in der Nazizeit gegeben hatte, was nun zu harten Auseinandersetzungen innerhalb der Zunft führte. Humangenetiker und Mediziner publizierten über die Ärzteverbrechen in den KZs und in der Psychiatrie, verfolgten die Biographien von Tätern und machten den inneren Zusammenhang zwischen den Massentötungen psychisch Kranker und dem Völkermord an den Juden deutlich. In diversen Berufsgruppen erwachte allmählich das Bedürfnis, die Geschichte des eigenen Standes zu besichtigen. Wie standhaft, wie korrupt hatten sich die Kollegen seinerzeit benommen? Wie steht es heute um die nachwirkenden Einflüsse nationalsozialistischen Denkens in der eigenen Berufsgruppe? Sind sie überwunden oder immer noch virulent? In vielen Gemeinden machten sich Interessierte an kritische lokalgeschichtliche Studien. Wie hatten Verwaltung und Bürger auf die Machtergreifung Hitlers, auf die Diskriminierung und Verfolgung der Juden reagiert? Welches Schicksal hatten die Juden erlitten? Wer hatte sie drangsaliert, wer ihnen geholfen? Was ist nach dem Krieg unter den Tisch gekehrt, was offen ausgetragen worden?

So zeigten diese diversen Projekte, dass inzwischen – unter wesentlicher Initiative und Mithilfe der ersten und später der zweiten Folgegeneration – der Mut doch gewachsen war, die aufgeschobene Erinnerungsarbeit in Angriff zu nehmen. Freilich stießen viele solche Bemühungen auch auf heftige Widerstände. Nicht wenige der Initiatoren mussten sich gefallen lassen, als Nestbeschmutzer, Störenfriede, Denunzianten beschimpft zu werden. Aber solche Spannungen waren und sind unausbleiblich, wenn mit dem Aufdecken von Verdrängungen eben auch das Verdrängte wieder zum Vorschein kommt. Das Erinnern muss den Widerständen abgerungen werden, die aus den Beharrungskräften des alten Denkens resultieren. Es sind schmerzliche Auseinandersetzungen, die dennoch, wenn sie durchgehalten werden, die Genugtuung hinterlassen können, miteinander ein Stück unterdrückte Wahrheit befreit zu haben.

Was im Einzelnen, in Familien und in Gruppen abläuft, die sich der Erinnerungsarbeit gestellt haben und weiter stellen, ist schwer differenziert zu erfassen, da es sich um sehr komplexe Prozesse handelt, je nach dem Grad des persönlichen Verwickeltseins, unterschiedlich bei Älteren und Jüngeren, unterschiedlich auch je nach der Weite des persönlichen psychischen Horizonts. Den einen bedrückt nur die Schuld persönlichen Versagens, während in das Verantwortungsgefühl eines anderen alles hineinragt, was in Gemeinschaften vorfällt und vorgefallen ist, denen er sich zugehörig fühlt. Wie weit diese sensible Identifizierung reichen kann, hat einmal Stefan Zweig demonstriert, verfolgter und geflohener Jude, inzwischen englischer Staatsbürger, als er 1941 vor dem PEN-Club in New York ausführte: »... obwohl wir den Deutschen längst nicht mehr als Deutsche gelten, habe ich das Gefühl, ich müsse hier vor jedem einzelnen meiner französischen, englischen, belgischen, norwegischen, polnischen, holländischen Freunde Abbitte leisten für all das, was heute seinem Volk im Namen des deutschen Geistes angetan wird.« Von verschiedenen Deutschen, die unter Naziverfolgung gelitten haben, weiß ich, dass sie ein Gefühl der Mitverantwortung für die großen Verbrechen der anderen zu tragen mehr bedrückte als die Verarbeitung der eigenen leidvollen Erfahrungen.

Was immer bei Erinnerungsarbeit geschieht oder geleistet wird – eines ist sicher: Der schon beinahe offiziell gewordene Begriff der Vergangenheits*bewältigung* ist so unpassend wie nur denkbar. »Bewältigen« kommt, wie man in Grimms Wörterbuch nachlesen kann, von »bewaltigen« oder auch »begewaltigen«, was einst so viel hieß wie »überwältigen« oder »bezwingen«, auch ganz speziell »frowen bewaltigen und schwechen«, also vergewaltigen im engsten Sinne. Es scheint, als verrate sich also bereits in dem Terminus Vergangenheitsbewältigung per Fehlleistung die Vorstellung, die Erinnerung wie einen Gegner, wie ein Hindernis niederzuringen und zu bezwingen. Wer indessen von den Älteren lernte, sich der Vergangenheit auszusetzen und sich einzugestehen, dass er sich da oder dort, statt sich anzupassen, hätte verweigern oder Bedrohten beistehen können, dass er mehr hätte wissen können, wenn er nicht weggesehen hätte, wer sich darüber zu offenbaren wagte und die Kränkung ertrug, die er sich damit bereitete, der vollbrachte damit wahrlich kein Bezwingen oder Bewältigen, eher ein Durchleiden. Der lernte, sich seiner Mitschuld zu stellen, allerdings in der Absicht und Hoffnung, daraus Energien zu schöpfen, um die Zukunft wachsamer und widerstandsbereiter bestehen zu können. Denn die Anstrengung solcher Erinnerungsarbeit folgt ja nicht, wie manche weismachen wollen, aus masochistischen Motiven, vielmehr aus einem Drang nach Integrität, nach Offenheit, zugleich aus dem Willen zum Vorbeugen.

Aus einer mehrjährigen eigenen Untersuchung zu dem

Thema, wie die Nazizeit über drei Generationen verarbeitet wurde, konnten wir entnehmen, dass die Enkel inzwischen vielfach dazu beitragen, das Gespräch darüber zu erleichtern. Ist es nun nur ein vager Eindruck oder eine Tatsache, dass auch und gerade in der Jugend noch ein Interesse an der Vergangenheit lebendig ist, von der sie vielfach bereits in der zweiten Generation entfernt ist?

Darüber haben wir am Gießener Psychosomatischen Zentrum eine aufschlussreiche Erhebung durchgeführt. Wir fragten 1450 Studentinnen und Studenten unter anderem, ob es für die Deutschen eine wichtige oder eher überflüssige Aufgabe sei, sich noch mit dem Dritten Reich auseinanderzusetzen.

Zu unserer Überraschung lauteten die Antworten von 86 Prozent der übrigens anonym schriftlich Befragten: Diese Auseinandersetzung sei wichtig bis sehr wichtig. Vorausgegangen waren allerdings in Gießen Aktivitäten verschiedener studentischer Gruppen, die sich intensiv mit der Nazigeschichte der hiesigen Universität beschäftigt und darüber öffentliche Veranstaltungen abgehalten hatten. Sie hatten das Eindringen des Nazigeistes in Doktor- und Habilitationsschriften verfolgt, das Schicksal jüdischer Professoren recherchiert, Prozesse gegen Nazigegner an der Universität dokumentiert und überlebende Zeitzeugen interviewt. Aber selbst wenn man diese besonderen Umstände in Rechnung stellt und einräumt, dass die Zahl von 86 Prozent nicht für die Generation der Altersgenossen repräsentativ ist, so spricht dieser Befund doch dafür, dass die Jugend der Beschäftigung mit der Nazivergangenheit mehr Bedeutung beimisst, als von vielen Älteren angenommen wird. Warum ist das so?

In Hesekiel 18 heißt es an einer Stelle: »Unsere Väter haben saure Trauben gegessen, und uns sind die Zähne davon stumpf geworden.« Im 3. Buch Moses ist sogar ausgesagt, dass die Missetat der Väter die Kinder und Kindeskinder bis ins dritte und vierte Glied verfolge. Es sind Weisheiten, die in der Psychoanalyse und in der Familiendynamik immer wieder zu bestätigen sind.

Die Suche nach Verankerung der Identität in der Geschichte der Vorfahren ist ein unbewusster und gerade bei differenzierten Jugendlichen häufig zu beobachtender Vorgang, den bereits der Freud-Schüler Kurt Eisler näher beschrieben hat. In einem Seminar mit Studenten habe ich wiederholt von einzelnen zu hören bekommen: »Auch wenn es uns nicht passt, müssen wir noch die Geschichte unserer Väter und Großväter ergründen, die sie uns zum großen Teil verheimlicht haben. Wir können erst verlässlich wissen, wer wir sind und was wir wollen, wenn wir genauer erfahren haben, wer sie waren und was sie gemacht haben.« – »Wir wollen sie nicht verletzen, aber wir fühlen uns so lange selbst unklar und unfrei, als wir ihre Unklarheit nicht beseitigt haben.«

Ich komme noch einmal auf unsere Erhebung an den 1450 Gießener Studenten zurück. Mit Hilfe eines ausführlichen skalierten Fragebogens konnten wir den Zusammenhang zwischen verschiedenen Äußerungen untersuchen und beispielsweise überprüfen, wie sich die Studenten im übrigen beschrieben, denen an einer Auseinandersetzung mit dem Dritten Reich noch besonders gelegen war. Es ergab sich: Je wichtiger den von uns ersuchten Studentinnen und Studenten die Erinnerung an die Nazizeit erschien,

– um so offener zeigten sie sich für eine kritische Wahrnehmung sozialer Ungerechtigkeiten in der eigenen

Gesellschaft (zum Beispiel Benachteiligung alter Leute und Kinder),

– um so mehr verrieten sie von sozialer Sensibilität (nämlich Bereitschaft, anderen zu vertrauen und sich um andere zu sorgen),
– um so weniger zeigten sie negative soziale Vorurteile.

Ersichtlich ist also, dass sich die Bereitschaft zu kritischer Erinnerung mit einer besonderen Neigung zu Vertrauen und Versöhnung paart. Wie dabei das eine das andere fördert, ist nicht unmittelbar abzulesen. Jedenfalls passt der Befund zu der psychoanalytischen Erfahrung, dass Menschen um so weniger versucht sind, sich vermittels negativer Projektionen an anderen abzureagieren, je mutiger sie eigene Schuldkonflikte aufzuarbeiten lernen. Mit der Fähigkeit zur Selbstkritik nimmt die Neigung zu Misstrauen ab. Da jedes irrationale Feindbilddenken wie Antisemitismus und Rassismus überhaupt mit unterdrückten Minderwertigkeitsgefühlen einherzugehen pflegt, erscheint es überaus plausibel, dass die besonders kritisch Erinnerungsbereiten unter unseren Befragten sich als überdurchschnittlich vertrauensbereit und versöhnlich beschreiben. Übrigens kommt das Wort »versöhnen« von »versüenen«, was noch zur Zeit Martin Luthers gleichbedeutend mit »entsündigen« war.

Teile dieses Textes habe ich auf der Berliner Erinnerungsfeier aus Anlass der 50. Jährung der Wannseekonferenz gesprochen, auf der die so genannte Endlösung der Judenfrage beschlossen worden war. Seitdem wird die Erinnerung an die Naziverbrechen nicht nur durch Gedächtnisveranstaltungen wachgehalten, sondern durch üble ausländer- und judenfeindliche Anschläge. Da und dort wurden von

Neonazis so genannte national befreite Zonen ausgerufen. Und es ist eine ethnozentrische Einstellung angewachsen, die so aussieht: Wir werden von unseren Nachbarvölkern ausgenutzt, mit Flüchtlingen überlastet, als Zahlmeister Europas missbraucht. Und die Erinnerung an die Hitlerzeit wird uns nur von außen aufgedrängt, um uns auf ewig zu Demut und Willfährigkeit zu erpressen.

Wir aber treffen uns hier, liebe Freundinnen und Freunde, weil es uns wichtig ist, uns das Schicksal derer zu vergegenwärtigen, die an diesem Ort als Nazi-Gefangene gelitten haben. An ihrem Schicksal in Gedanken Anteil zu nehmen, hilft uns, unsere heutige politische Verantwortung besser zu verstehen. Das Elend, das von unserem Volk angerichtet wurde und das u. a. auch mit diesem hiesigen Ort verbunden ist, können wir als Aufruf begreifen, unsere Kultur nicht selbstgerecht als Leitkultur zu begreifen, wie im letzten Jahr propagiert wurde, sondern als eine Lernkultur.

Vor einem halben Jahr hat unsere Organisation der Ärzte für Frieden und soziale Verantwortung in Berlin einen großen Kongress zum Thema »Kultur des Friedens« abgehalten. Es war, wie ich meine, einer der nützlichen Versuche, eine Gegenbewegung gegen das Vergessen und gegen das Vordringen rechtsradikaler und speziell ausländerfeindlicher Gedanken wachzuhalten. Vergessen wir nicht, dass die letzten Wahlen in diesem Bundesland Hessen nicht unwesentlich durch eine Kampagne entschieden worden sind, die trotz aller Dementis als ausländerfeindlich verstanden wurde. Es geht also nicht nur darum, dass wir hier unsere Verbundenheit mit den Opfern bekunden, die an dieser Stelle und an vielen anderen Orten Nazi-Gewalt erlitten haben, sondern vor allem auch darum, die *Notwen-*

digkeit unseres eigenen wachsamen Engagements zu erkennen. Das betrifft jeden von uns. Und es betrifft auch und in Sonderheit die Kirche, die hier einmal durch die räumliche Verbundenheit von Gotteshaus und Nazi-Gefängnis geradezu symbolisch eine furchtbare Allianz eingegangen ist. Möge der bevorstehende Kirchentag ein eindeutiges Bekenntnis zu einer moralischen Unkorrumpierbarkeit ablegen, an der es in der Vergangenheit manchmal gefehlt hat.

III.

Egomanie als kulturelle Glaubenskrise

Das Dilemma des Gotteskomplexes

Vortrag in der Universität Freiburg, veranstaltet
von der Katholischen Akademie, 25. Januar 2002

Lassen Sie mich zunächst dafür danken, dass die Katholische Akademie zusammen mit der Biologischen Fakultät diese öffentliche Veranstaltung durchführt. Man kann sich bei dieser Konstellation an den Anfang der Auseinandersetzung zwischen Kirche und Naturwissenschaft erinnern.

Vor 360 Jahren schrieb René Descartes in der dritten seiner Meditationen: »Vielleicht sind alle die Vollkommenheiten, die ich Gott zuschreibe, der Möglichkeit nach irgendwie in mir erhalten. ... Mache ich doch schon an mir die Erfahrung, dass meine Erkenntnis nach und nach wächst. Und ich sehe nicht, was dem im Wege stände, dass sie noch mehr und mehr wüchse bis ins Unendliche und warum ich nicht vermöge der so gewachsenen Erkenntnis alle übrigen Vollkommenheiten Gottes sollte erreichen können?«

Allerdings standen ihm damals die schlimmen Erfahrungen von Giordano Bruno und Galileo Galilei mit der katholischen Kirche vor Augen. Bruno war von der Inquisition wegen Ketzerei verbannt, Galilei wegen Bestätigung der kopernikanischen Lehre eingesperrt worden. Aus Vorsicht ließ Descartes seine Principia Philosophiae mit dem Bekenntnis enden, dass er stets seiner eigenen Schwachheit eingedenk sei und nichts unbedingt behaupte, sondern alles der Autorität der katholischen Kirche unterwerfe.

Inzwischen haben sich die Machtverhältnisse deutlich geändert. Die Naturwissenschaftler müssen nicht mehr vor der Macht der Kirche erzittern, nicht einmal, wenn sie davon reden, die Evolution in die eigenen Hände nehmen zu wollen. Im Gegenteil. Hubert Markl, Ex-Präsident der Max-Planck-Gesellschaft, hat erst unlängst den Vatikan zurechtweisen zu müssen geglaubt, weil dieser angeblich »das Hochufer moralischer Selbstbegründung« besetze und dies im Einklang mit dem »eifernden Moralzwang einer Gesinnungsmehrheit«. Der Vatikan bekommt also gesagt, dass ihm gefälligst die Freiheit der Forschung heilig sein solle, die ja auch tatsächlich durch die Verfassung ein für alle Mal abgesegnet worden ist.

Eine andere Frage ist, ob der Erkenntnistrieb, von dem Descartes schon vorausahnte, dass dieser darauf abzielen könnte, ins Unendliche zu wachsen und gottähnliche Vollkommenheit zu erobern, wirklich so unschuldig ist, wie er sich darstellt. Ist dieses Bedürfnis nur eine harmlose wissenschaftliche Neugier wie jene der Pythagoräer oder die von Johannes Kepler, die zur Erbauung an der wunderbaren Harmonie der Naturgesetze führen sollte? Nein. Der Wisstrieb der Neuzeit ist, wie schon Francis Bacon und später Sigmund Freud festgestellt haben, auf Macht aus. In der Sprache Freuds ist er ein Abkömmling des Bemächtigungstriebes. Der Mensch will endgültig seine Abhängigkeiten überwinden, will nicht mehr nur zur Natur gehören, sondern will, dass diese ihm gehöre.

Seit der Renaissance und neuerdings mit beschleunigtem Tempo geht es dem Menschen darum, sich selbst mit der Macht auszustatten, die er einst in Verehrung der göttlichen Instanz über sich anerkannt und angebetet hatte. Er vollzieht gewissermaßen den Schöpfungsgedanken Gottes nach – in der Hoffnung, irgendwann alle Fesseln der eigenen Anfälligkeit und Zerbrechlichkeit loswerden zu können. Aber dieser gewaltsame Ablösungsprozess macht Angst. Denn die bisherige religiöse Bindung bedeutete ja nicht nur Fesselung, sondern gleichzeitig Hoffnung auf Trost und Beistand in Leiden und Schmerz. So ist eine fatale Wechselwirkung entstanden. Je mehr das Geborgenheitsbewusstsein verloren geht oder aufgegeben wird, um so zwanghafter und ungestümer wird der Drang, die noch vorhandenen Ursachen von Anfälligkeit und Verletzbarkeit zu bezwingen. So erklärt sich wohl auch die Getriebenheit im Kampf um eine wissenschaftlich-technische Allmacht, mit der ewigen Angst im Nacken, dass aller noch so großartiger Fortschritt nichts an unserer Zerbrechlichkeit und Sterblichkeit ändert. Das hatte einmal Descartes' Zeitgenosse Pascal so ausgedrückt, dass wir unser Leben vielleicht noch ein ganzes Stück verlängern könnten, aber von der Unsterblichkeit würden wir gleich weit entfernt bleiben. Wenn wir einen Turm bis in die Unendlichkeit hinauf zu bauen versuchen würden, müsste dieser irgendwann einstürzen, weil ihn die Fundamente nicht tragen könnten. Wer denkt da nicht an die Türme, die am 11. September eingestürzt sind?

Aber wir haben uns so weit abgehärtet, dass wir unsere Selbstgefährdung durch unsere Gigantomanie kaum mehr *empfinden*. Auch die Desensibilisierung hatte Descartes bereits empfohlen, indem er lehrte, das wissenschaftliche Forschen sollte sich nicht durch die unverlässlichen Regungen des Gemüts beirren lassen. Verlässlich sei nur, was wir so klar beweisen könnten wie mathematische Wahrheiten. Unter manchen Schwankungen hat unsere Kultur diese Anweisung befolgt. Die zunehmende Naturbeherrschung gelang, weil der Bemächtigungsdrang immer weniger durch Gefühle und speziell durch Skrupel behindert wurde, die uns an unsere bescheidene Stellung im Universum, an unsere Bindungen, an unsere Bestimmung im Zusammenhang des Ganzen erinnert hätten. Wohl sind wir mit der Anlage zu Sensibilität und zur Ehrfurcht vor dem Leben ausgestattet. Wir ahnen noch, dass unsere Gemeinschaft nur zusammenhält, so lange wir einander achten und die Natur in Verantwortung vor der Zukunft pflegen und hüten. Aber erst Katastrophen wie Kriege oder unübersehbare selbstverschuldete Umweltschäden jagen uns noch momentan Angst ein. Da erschrecken wir plötzlich. Manchmal hinterlässt ein Schock für eine Weile noch ein dumpfes Unbehagen.

Da treten dann plötzlich führende Geister als Warner und Mahner auf, die zuvor noch eine entscheidende Rolle bei der Eroberung einer neuen Stufe von wissenschaftlich technischer Macht gespielt hatten. Albert Einstein, der Präsident Roosevelt zum Bau der ersten Atombombe geraten hatte, und Andrej Sacharow, den man den Vater der russischen Wasserstoffbombe nennt, kämpften in ihrer letzten Lebensphase verzweifelt für eine atomwaffenfreie Welt. Der Biochemiker Erwin Chargaff, der bei der Entschlüsselung des Zellkerns eine maßgebliche Pionierrolle gespielt und dafür die höchste wissenschaftliche Auszeichnung der USA, die National Medal of Science erhalten hat, zog am Ende das Fazit: »Es scheint ein Fluch der Gegenwart zu sein, dass fast jeder Edelstein der Wissenschaft ein Grabstein der Menschheit wird. … Wenn man mich fragt, woher ich das Recht nehme, so etwas Unschuldiges wie die Wissenschaftsexplosion mit etwas so Enormem wie dem Untergang der Menschheit in Beziehung zu setzen, habe ich dafür eine einfache Antwort: Das Herz der Menschen ist zentripetal. Die Naturforschung ist zentrifugal. Je weiter und schneller diese fortschreitet, umso mehr muss jenes zerrissen werden.«

Ich würde den Prozess der gefährlichen Abstumpfung eher als eine innere Spaltung bezeichnen. Die Regungen des Herzens werden abgespalten. Die Begeisterung für wissenschaftlich technische Eroberungen kann mit einem unbemerkten Verlust von Sensibilität und moralischer Instinktsicherheit einhergehen. Ich habe dies als Medizinstudent nach dem Krieg bei einer ganzen Reihe von Forschern erlebt, die ihre ärztlich-ethischen Prinzipien immer noch im Einklang mit der Praxis sahen, so genanntes unwertes Leben auszusondern. Alle Inhaber psychiatrischer Lehrstühle hatten sich widerspruchslos in die so genannte Euthanasie-Aktion gefügt, das heißt in die Massentötung psychisch Kranker. Die Mehrzahl von ihnen hat unbeanstandet meine Generation nach dem Krieg unterrichtet. Da war zum Beispiel der führende Erbforscher Othmar von Verschuer, der spätere Lehrer von Josef Mengele. In seinem Lehrbuch über Erbpathologie können Sie nachlesen, wie begeistert er die Ausschaltung krankhaften Erbgutes als notwendige Aufgabe zur Pflege des Volkskörpers feierte und dankbar dafür war, dass man die Fürsorge für so genannte hoffnungslos Erbkranke auf ein »entsprechendes Maß« zurücksetzte. Später besorgte er die Gelder für Mengeles Auschwitz-Experimente und empfing dessen Präparate von getöteten Versuchspersonen zur Auswertung an seinem Institut. Dabei war er ein bekennender Christ. Seinen Sohn gab er am Sonntag nicht für den HJ-Dienst frei, sondern nahm ihn mit zu den Predigten von Pfarrer Martin Niemöller. Nach dem Kriege wurden ihm von einer offiziellen Kommission alle Qualitäten zuerkannt, die ihn zum Forscher und Lehrer akademischer Jugend prädestinierten. So amtierte er bei unveränderten Ansichten bis zur Altersgrenze auf seinem Lehrstuhl.

Ihnen allen ist Konrad Lorenz als herausragender Verhaltensbiologe und Nobelpreisträger bekannt. Der schrieb 1940: »Aus der weitgehenden biologischen Analogie des Verhältnisses zwischen Körper und Krebsgeschwulst einerseits und einem Volk und seinem durch Ausfälle sozial gewordenen Mitgliedern andererseits, ergeben sich große Parallelen in den notwendigen Maßnahmen.« Zum Glück, so fuhr er fort, sei die Ausmerzung schädlicher Elemente für den Volksarzt leichter und für den überindividuellen Organismus weniger gefährlich als der Eingriff am Einzelkörper.

Ich könnte Ihnen leicht noch andere Beispiele für eine Anfälligkeit vorführen, die wir bei uns allen allzu leicht unterschätzen. Nämlich die innere Stimme zu überhören, die uns davor warnt, uns die Befugnis, ja vielleicht die Berufung anzumaßen, die Ordnung des Lebens in noch so wohlmeinender Absicht um- oder neu zu gestalten. Vielmehr hat der fortwährende Machtzuwachs durch die Errungenschaften des wissenschaftlich technischen Fortschritts ein Selbstbewusstsein entstehen lassen, als sei die weitere Steuerung der Vererbungsprozesse ganz in unsere Vollmacht übergegangen bis hin zu der Entscheidung, durch Screening in die Fortpflanzungsprozesse manipulierend einzugreifen. Dadurch können sich Forscher wie von Verschuer und andere dazu ausersehen wähnen, es sei jetzt ihre neue moralische Pflicht, mit Hilfe von Ausleseprozessen eine in ihrer Sicht bessere und höhere Menschheit zu schaffen.

Basis für dieses Denken ist jene kulturelle Megalomanie, die ich als »Gotteskomplex« bezeichnet habe: eine heimliche Selbstvergöttlichung des Menschen, die das Gewissen korrumpiert. Von Verschuer und seine Kollegen fühlten sich ja auch voll durch ein Publikum bestätigt, das sich in diese vermeintlich fortschrittliche Bevölkerungspolitik fügte und deshalb auch nach dem Krieg keinen Grund sah, von Verschuer und die Mehrzahl der Mitverantwortlichen zur Rechenschaft zu ziehen. So ist es auch erklärlich, dass der Gesamtkomplex der medizinisch begründeten Gewaltmaßnahmen gegen so genanntes unwertes Leben nur äußerst mangelhaft aufgearbeitet worden ist, im Gegensatz zu dem Komplex der Judenverfolgung und der Judenvernichtung.

Umso mehr halte ich die Erinnerung an jene Zeit für notwendig, auch wenn mir dieser Rat wenig Sympathie in gewissen ärztlichen Kollegenkreisen einbringt. Die Versuchung zu einem megalomanischen Missbrauch wissenschaftlicher Macht war keine einzigartige Disposition von Nazi-Gehirnen, sondern schlummert in unser aller Bewusstsein im Zeitalter der Selbstvergöttlichung des Menschen. Sie mögen so vielleicht verstehen, meine Damen und Herren, warum ich sehr dafür plädiere, dass die Debatte über den Umgang mit den neuen Machbarkeiten der Biogenetik nicht nur zwischen Forschern und Ethik-Experten, sondern in einem viel breiteren gesellschaftlichen Rahmen ausgetragen wird.

Die deutschen Ärzte für Frieden und soziale Verantwortung (IPPNW) bemühen sich um Vorführung von Beispielen für eine solche Verbreiterung des Austausches. 2001 haben wir einen zweiten Kongress »Medizin und Gewissen«, dem ich präsidieren durfte, mit über 1.500 Teilnehmern veranstaltet. Mitgeredet haben an vier Tagen Forscher und Krankenschwestern, Rechtswissenschaftler und PolitikerInnen, Hebammen und Soziologen, Ärzte und Ethiker, StudentInnen und Humangenetiker, Sozialarbeiter und die Präsidentin des Bundesverfassungsgerichtes. Dazu zwei Ministerinnen aus Berlin. Aber eine wichtige Rolle spielten auch partizipierende Behinderte. Denn diese haben ein besonderes Interesse zu erfahren, ob sie sich in unserer Gesellschaft noch aufgehoben fühlen können oder als potentiell verhinderbare Minusvarianten allmählich an den Rand geraten.

Während des Kongresses traf ich auf der Straße zufällig eine Mutter, die gerade in einem Fernsehfilm aufgetreten war, der drei starke Mütter zeigte, die jeweils durch Frühgeburt schwer behinderte Kinder aufziehen. Im Film war zu sehen, welche Freude diese Mütter haben, wenn ihre Kinder allmählich kleine Entwicklungsfortschritte machen und was sie aus der Pflege ihrer Kinder neben allen Mühen auch an Genugtuung für sich selbst ziehen. Wir brachten diese Frau und den Film noch improvisatorisch im Kongressprogramm unter. Für die Teilnehmer an dieser Veranstaltung veränderte sich plötzlich die Atmosphäre der Debatte. Es gaben nicht mehr nur die Halbgötter der Wissenschaft den Ton an. Sondern es wurde wohl manchem klar, dass es auch in Zukunft mehr auf die helfende Kraft solcher Mütter und von uns allen ankommen wird, um mit Leiden zu leben, die allezeit mit unserer Zerbrechlichkeit verbunden bleiben werden.

Es ist übrigens sehr zu bemängeln, dass in allen mir bekannten zuständigen Ethik-Kommissionen Frauen deutlich unterrepräsentiert sind. Im neunköpfigen Vorstand der Deutschen Gesellschaft für Reproduktionsmedizin ist z. B. keine einzige Frau vertreten. Frauen verdienen bei Fragen der Verantwortbarkeit der neuen Eingriffe im Zusammenhang mit der künstlichen Befruchtung schon deshalb besonderes Gehör, weil sie dabei ihren Körper mit besonderen Belastungen und Risiken zur Verfügung stellen. Davon wird selten geredet. Frauen liefern die Eizellen. Dazu bekommen sie zunächst Hormone zur so genannten Stimulation des Eierstocks. Dabei kann es zu einer Überstimulation kommen. Gelegentlich entwickeln sich dadurch Eierstocktumoren, die operativ entfernt werden müssen. Bei der Punktion der Follikel, also der kleinen Säckchen, welche die Eier einschließen, kann es hier und da zu Entzündungen kommen. Soeben hat im Deutschen Ärzteblatt eine Ärztin über ihre Erfahrungen mit der Prozedur berichtet. Als sie zunächst mit ihrer Einwilligung zögerte, wurde ihr gesagt: »Nur labile Frauen reagieren so wie Sie.« Sie hatte das Pech, dass ihr ein künstlich erzeugter Eierstocktumor herausoperiert werden musste. Obendrein erlitt sie eine posttraumatische Belastungsstörung, die ihr lange zu schaffen machte. Solche Komplikationen passieren zum Glück nicht häufig. Aber die Mahnung dieser Ärztin ist ernst zu nehmen: »Es ist unethisch, an einem ›Material‹ zu forschen, dessen ›Gewinnung‹ bei den ›Spenderinnen‹ einen Schaden verursachen kann, ohne sich ein ehrliches Bild von der Wahrscheinlichkeit und dem Ausmaß dieses Schadens gemacht zu haben.«

Die Ärztin bemängelte zu Recht, dass die heutige Diskussion fast immer erst bei den Embryonen und den aus ihnen gewonnenen Stammzellen einsetzt, als spiele es gar keine Rolle, was man den Frauen dabei zumutet.

In den nächsten Jahren werden wir sicherlich einen weltweiten Wettbewerb auf dem Gebiet der Stammzellenforschung erleben. Stammzellen sind frühe Embryonalzellen, die noch eine so genannte Multipotenz besitzen, d.h. die Fähigkeit, durch weitere Teilung verschiedene Gewebearten auszubilden – Nervengewebe, Muskelgewebe, Knochengewebe. Die Hoffnung lautet, dass man durch Züchtung solcher Gewebe vielleicht Ersatz für geschädigtes Gewebe bei einer Reihe von Krankheiten gewinnen kann. Ob das gelingen wird, weiß man noch nicht. Aber die Hoffnung ist ein großer Ansporn, allerdings auch zu höchst fragwürdigen Abenteuern wie dem folgenden, das gerade erst bekannt wurde:

Ein amerikanisches Institut kauft von Frauen und Männern, die einander nicht kennen, Eizellen bzw. Sperma, um daraus Embryonen rein für Forschungszwecke herzustellen. Von 110 produzierten Embryonen hat man 60 verworfen. Aus den übrigen hat man Stammzellen hergestellt, die man nun als Ausgangsmaterial für Gewebezüchtung verwendet. Was heißt das? Einige Wissenschaftler warten nicht länger auf den Kinderwunsch von Paaren, um bei künstlicher Befruchtung eventuell »überzählige« Embryonen für wissenschaftliche Experimente zu erzeugen. Sondern sie besorgen sich von vornherein x-beliebige Eier und Spermien von Frauen und Männern als »Rohmaterial« zur experimentellen Gewebezüchtung. Das betreffende Institut produziert keimendes Menschenleben allein, um dieses anschließend zu töten. Ob es je möglich sein wird, aus den dabei abfallenden Stammzellen so etwas wie Ersatzteilgewebe für Krebs-, Parkinson-, oder Alzheimer-Kranke zu züchten, steht in den Sternen.

Was zu solchen unverantwortlichen Praktiken antreibt, ist gewiss nicht nur edelsinniger Ehrgeiz, bei der möglichen Entdeckung einer neuen Heilmethode vornean zu sein. Sondern es locken lukrative Patente. Regine Kollek, eine führende deutsche Expertin, gibt die bündige Erklärung: »Wer zu spät kommt, den bestraft das Patentamt.« Kommerzielle Gewinnaussichten sind ein ganz wesentlicher Faktor, wenn man die halsbrecherische Hektik in dem Forschungswettlauf verstehen will.

Ich möchte den Blick indessen wieder zurückwenden auf die schon angesprochene *eugenische* Perspektive, d. h. auf gentechnische Bemühungen, das Erbgut zu verbessern. Dazu ist nun die Präimplantationsdiagnostik (PID) in den Mittelpunkt des Interesses gerückt. Man kann grundsätzlich bei einem durch künstliche Befruchtung erzeugten Embryo vor seiner Einpflanzung in den Mutterkörper feststellen, ob in ihm etwa Anlagen für gewisse Krankheiten oder Behinderungen verborgen sind. Hält man dies für wahrscheinlich, weil in der mütterlichen oder väterlichen Familie bestimmte erbliche Krankheiten aufgetreten sind, böte die PID vielleicht die Chance, eine solche Belastung des Embryos zu erkennen, und die Frau könnte sich entscheiden, die Schwangerschaft nicht zuzulassen. Aber hier müsste der Gesetzgeber einen Katalog derjenigen Anomalien und genetischen Defekte aufstellen, deren wahrscheinliches Vorhandensein allein dieses Diagnoseverfahren rechtfertigen kann. Da die Entschlüsselung des Genoms rasche Fortschritte macht, wird man bald noch präziser aus der genetischen Ausstattung eines Embryos herauslesen können, mit wie viel höherer oder geringerer Wahrscheinlichkeit dieses oder jenes Defizit zu Tage treten wird. Gäbe man die PID uneingeschränkt frei, würde der Wunsch nach einem perfekten Kind wahrscheinlich viele Eltern veranlassen, Embryos gentechnisch durchchecken zu lassen. Aber wenn man die Tür zur PID auch nur einen Spalt öffnet, lässt die Gefahr eines sich ausbreitenden Missbrauchs sich dann noch stoppen? Und werden begüterte Paare nicht ohnehin in andere Länder ausweichen, die PID uneingeschränkt freigeben? Und was wird geschehen, wenn auch noch die Möglichkeit besteht, manipulativ in das Genmaterial einzugreifen, um die Anlagen zu verbessern? Diese Entwicklung wird nicht mehr lange auf sich warten lassen. Und da man mit diesen neuen Technologien sehr viel Geld machen kann, dürfte sich dafür in manchen Ländern gewiss rasch ein großer Markt auftun. Und die Werbeindustrie würde wieder mit den moralisch abgesegneten Zugwörtern Freiheit und Fortschritt aufwarten, um dem »eifernden Moralzwang« von »blauäugigen Bedenkenträgern« entgegenzutreten.

Die Präimplantationsdiagnostik ist die letzte Schranke zur selbstkritischen Besinnung oder zum Durchbruch einer nachträglich sehr schwer zu stoppenden Versuchung zum Missbrauch menschlicher Macht. Ich stimme dem Urteil von Regine Kollek bei, die ihr überzeugendes Buch »Präimplantationsdiagnostik« mit folgendem Resümee enden lässt: »Die Präimplantationsdiagnostik an Embryonen ist nicht nur aufgrund der zu ihrer Durchführung notwendigen In-vitro-Fertilisation ein medizinisch und ethisch riskantes, ineffizientes Untersuchungsverfahren, das neben einem Vorteil – der möglichen Vermeidung von Abtreibungen – zahlreiche unmittelbare und mittelbare Nachteile für Individuum und Gesellschaft mit sich bringt.« So könne »mit guten Gründen für einen Verzicht auf die Etablierung dieses Verfahrens plädiert werden«.

Natürlich erhebt sich gegen diese vernünftige »Bedenkenträgerin« sogleich die Front der männlichen Kollegen, die eine »Schöne neue Welt« à la Huxley nicht für einen Horror, sondern in moderner Ausgestaltung für eine wunderbare Heilshoffnung halten. So tönt der Biophysiker Gregory Stock: »Jetzt, da wir unsere eigene Biologie entschlüsseln, ergreifen wir die Macht über unser eigene Evolution.« Er sieht voraus: »Wenn ein Ehepaar aus Berlin eine romantische Hochzeitsreise in die Karibik unternimmt und neun Monate später eine ungewöhnlich aufgeweckte Tochter zur Welt bringt, was soll die Regierung dann tun? Wird sie die Familie zu einem Gentest zwingen und die Eltern ins Gefängnis werfen, wenn sie beim Kind Anzeichen für gentechnische Manipulationen entdeckt? Wird sie den Eltern das Kind wegnehmen?« Sicherlich nicht. Stock vermutet eher einen Druck der Ärmeren auf die Kassen, solche Manipulationen auf Krankenschein zu gewähren.

Adornopreisträger Zygmunt Bauman teilt Stocks Vermutung, dass demnächst viele Gutsituierte nicht zögern würden, ihre Kinder durch Manipulation des Genmenüs maßschneidern zu lassen. »Und da wir jetzt die Mittel haben, das Ungeplante zu verhindern, dürfte wohl alles, was als körperliche Deformierung oder bloße Abnormität definiert ist, kriminalisiert werden, während die Liste der Deformitäten und Abnormitäten unaufhaltsam weiter anwachsen wird, je schneller das Verzeichnis der Chromosomen voranschreitet.«

Den Philosophen Dieter Birnbacher finde ich mit der Auffassung zitiert: »Mit unseren Kindern verbringen wir in der Regel mindestens 20 Jahre unseres Lebens. Warum sollte es Paaren verwehrt sein, ihren Nachwuchs nach Charaktereigenschaften, Begabungen und bestimmten Körpereigenschaften auszusuchen?« In liberalen Gesellschaften könne sich jedes Individuum ja auch seinen Ehe- oder Lebenspartner frei wählen.

Das sind keine Visionen abenteuerlicher Phantasten, sondern Prognosen von seriösen Geistern, im Falle Baumans allerdings aus kritischer Distanz. Kinder nach Maß zu 20-jähriger Befriedigung der Eltern, Wunschkinder in einem neuen Sinn, nämlich programmiert nach Wunschliste. Die Frage nach der Gerechtigkeit zwischen den Generationen taucht gar nicht mehr auf. Kinder sind für die Eltern da, basta! Selbst wenn Eltern sich danach richteten, was wohl für das Kind gut wäre – was ist, wenn das Kind später lieber ganz anders geworden wäre oder wenn heute vorteilhaft scheinende Eigenschaften morgen zu einem Stigma werden würden? Man stelle sich vor, es hätte bereits unter Hitler eine gentechnische Kinder-Programmierung gegeben, und Massen von Eltern hätten kleine Hitlersoldaten maßschneidern lassen wollen. Ist hier nicht ein Punkt, der ein tiefes Erschrecken herausfordert? Dennoch kann man daran zweifeln, ob die sich regenden gesunden Widerstandskräfte ausreichen werden, eine größenwahnsinnige menschengemachte Evolution aufzuhalten. Die Reichen könnten hoffen, der Klasse der Verlierer noch weiter zu enteilen. Ein Massentourismus in Länder mit freizügigen Gesetzen wäre schnell zu organisieren. Polizei und Staatsanwälte könnten sicherlich nicht viel ausrichten, wenn nicht im Inneren Alarmglocken schrillen und die Einsicht in die Krankhaftigkeit solchen Allmachtswahns offenbaren würden.

Aber werden die Alarmglocken schrillen? Ich habe kürzlich ein Buch abgeschlossen mit dem hoffnungsvollen Titel »Ende der Egomanie«. Darin entwickle ich die Phantasie, dass den Menschen in unserem Kulturbereich doch noch dämmern könnte, dass Erwin Chargaff mit seiner Befürchtung eines gemeinsamen Selbstzerstörungsprozesses die Wahrheit trifft. Auch Sigmund Freud hatte bekanntlich schon 1930 festgestellt, dass der Mensch durch die Beherrschung der Naturgewalten jetzt in Angst und Unruhe gerate, weil er sich die Mittel verschafft habe, sich bis zum letzten Mann zu vernichten. Vielleicht war es eine Fehlleistung, dass er schrieb »bis zum letzten Mann«, denn er wollte wohl sagen, »bis zum letzten Exemplar seines Geschlechtes«. Aber ich spekuliere einmal, dass in ihm die unbewusste Phantasie hochkam, die Gefahr der Selbstzerstörung gehe allein von den Männern aus. Tatsächlich übertreffen die Frauen bei allen repräsentativen Untersuchungen die Männer in der Eigenschaft soziale Sensibilität. Sie entwickeln eher Unbehagen z. B. über die sich rasch ausdehnende Herrschaft der Reproduktionsmedizin über die Fortpflanzungsvorgänge. Sie zögern eher, ihr ehrfürchtiges Vertrauen in das wunderbare Geschenk neuen Lebens durch natürliche Fortpflanzung in den Glauben an eine Technik zu verwandeln, die nach der Prognose des Erfinders der Antibabypille demnächst so aussehen soll, ich zitiere: »Die Menschen werden ihre Spermien und Eier in einer Bank auf Eis legen können und lassen sich anschließend sterilisieren.« »Bei Frauen hätte das sogar einen medizinischen Vorteil: Junge Eier sind viel besser als ältere Eier.« »Frauen hätten einen Vorrat an gefrorenen Eiern und könnten diese genau dann befruchten lassen, wenn es ihre Karriere zulässt. Auf diese Weise könnten Frauen die biologische Uhr austricksen und das Kinderkriegen um 5 oder 10 Jahre verlängern.«

Aber im gleichen »Spiegel« der Woche, in dem diese Prognose zu lesen ist, werden eine Reihe wenig bekannter schwerer Risiken der Reproduktionstechnik aufgezählt, die gewiss bei vielen Frauen verstärkt die genannten Alarmglocken klingeln lassen werden. Jedenfalls ist es meine persönliche Hoffnung, dass die Frauen mit ihrer noch intakteren Sensibilität den männlichen destruktiven Allmachtswahn noch rechtzeitig bremsen könnten. Denn nur aus dieser Sensibilität kann die Widerstandskraft gegen ein megalomanisches Machen des Machbaren hervorgehen.

Medizin und Gewissen

Eröffnungsrede zum Internationalen IPPNW-Kongress
»Medizin und Gewissen«, Erlangen, 24./25. Mai 2001

Vor fünf Jahren hatte unsere Ärzte-Organisation IPPNW –
manche von Ihnen waren dabei – in der Nachbarstadt
Nürnberg schon einmal einen Kongress zu dem Thema
»Medizin und Gewissen« veranstaltet. Damals stand die
Erinnerung an die Prozesse gegen die Verantwortlichen der
Nazi-Ärzteverbrechen ganz im Vordergrund. Die Erinnerung muss auch diesmal präsent sein, wenn wir nämlich
abwägen wollen, was von den dramatischen neuen Machbarkeiten in der Biomedizin gemacht werden soll, werden
darf oder besser nicht gemacht werden sollte.

Dieses Abwägen kann man auch *Bedenken* nennen.
»Herr, lehre uns bedenken, dass wir sterben müssen, auf
dass wir klug werden!«, bittet Moses im 90. Psalm. Es ist
wahrhaftig dieses Bedenken, das allen, die unsere helfenden
Berufe ausüben, jederzeit vor Augen stehen sollte. Denn es
allein lehrt uns die Klugheit, Maß zu halten, wo immer wir
uns einbilden möchten, dass der Mensch nicht länger zur
Natur, sondern dass diese ihm endlich nur noch selbst gehöre.

Aber schon das bloße Bedenken, das kritische und
selbstkritische Nachdenken vor dem Machen, wird uns
neuerdings nicht gerade nahegelegt. Vielmehr wird es an
verschiedene Ethik-Kommissionen und neuerdings sogar
an ein von der Regierung eingesetztes Gremium delegiert,
das Ex-Kulturminister Michael Naumann soeben in der
»Zeit« despektierlich einen »pharmazeutisch-industriellen

Legitimationsrat« genannt hat. Uns wird von oben die Sorge vorgehalten, dass andere, die weniger bedenklich ins Blaue hinein probieren, was immer möglich ist, uns überholen könnten. Und was ist heute schlimmer, als abgehängt zu werden, noch dazu, wenn es dabei um viel Geld geht?

Lassen wir uns getrost als Bedenkliche schelten, wenn wir in den nächsten drei Tagen unser Gewissen befragen wollen, was es uns zu tun oder zu lassen rät. *Gewissen* ist das nächste Reizwort. Für die Ethik gibt es ein Lehre. Aber Gewissen, ist das nicht etwas ganz Individuelles, obendrein Unbestimmtes und Unverlässliches? Unverlässlich können wir selbst gegenüber dem Gewissen leicht werden, wie viele unserer ärztlichen Vorgänger bewiesen haben, die ihr Gewissen an die Staatsmacht abtraten, die ihnen weismachte, höher als ihre Gewissenspflicht des mitmenschlichen ärztlichen Helfens stehe die Reinigung des so genannten Volkskörpers von angeblich unwertem Leben. Solcher Anweisung zu folgen bedeutete nicht, vom Gewissen im Stich gelassen zu werden, sondern dieses aktiv zu verraten.

Das Gewissen ist kein mystisches Orakel, auch kein Depot beliebiger Gebote oder Verbote aus der Kindheit. Vielmehr enthält es eine unmittelbare gefühlsmäßig erfahrbare Wertordnung, die Blaise Pascal einmal eine Logik oder eine Vernunft des Herzens genannt hat. Max Scheler spricht von einem Ordo amoris. Wir alle spüren von Natur aus sehr genau, was uns *die Ehrfurcht vor dem Leben* gebietet, an die uns Albert Schweitzer gemahnt hat, und wo wir diese und unsere Aufgabe des mitmenschlichen Helfens verlassen – etwa zugunsten von reiner Forscherneugier, von Machtbedürfnis, Profitinteresse oder auch nur aus dumpfer Autoritätsergebenheit.

Aber dieses Gespür hängt von der *mitmenschlichen Nähe*

ab, in der wir ausreichend oder zu wenig leben. Unsere moralische Empfindsamkeit kann abstumpfen, wenn wir nur noch über Technik und immer weniger von Angesicht zu Angesicht kommunizieren. Erst die Nähe macht uns unmittelbar unsere soziale Verantwortung und zugleich unsere Kraft zum Helfen fühlbar.

In meiner eigenen therapeutischen Arbeit bin ich immer wieder Müttern, auch Vätern mit einem behinderten Kind begegnet, die keiner an dessen Würde hätte erinnern müssen, weil sie deren Achtung hundertfach durch ihren liebevollen Umgang mit dem Kind bestätigten. So wünschte ich mir, dass jeder Forscher, der tagaus, tagein nur mit Genmaterial beschäftigt ist, nebenher an der Betreuung eines schwer behinderten Kindes oder Erwachsenen teilnehmen sollte. Dann würde er bald merken, wie gut es ihm selber tut, etwas zum Wohlbefinden dieses anderen beizusteuern, der ihm irgendwann ans Herz wachsen wird. Bei allem Ehrgeiz, an den Grundlagen für die mögliche Verhütung des einen oder anderen Leidens mitzuarbeiten, würde er erkennen, *dass das Tragen und das helfende Mittragen von Leiden für alle Zeiten grundsätzlich zu unserem vollständigen Menschsein gehört*. Eine Gesellschaft, die sich auf einen gigantischen Finanzbedarf für biomedizinische Forschung einrichtet, lässt an ihrem humanistischen Elan zweifeln, wenn sie gleichzeitig die Interessen der Behinderten vernachlässigt und am Aufwand für die wachsenden Zahlen pflegebedürftiger alter Menschen spart. Manche, die mit chronischen, z. T. erblich mitbedingten Mängeln leben, machen sich zur Zeit schon Gedanken darüber, ob man in ihnen nicht bereits die Träger eines leider heute noch nicht, aber hoffentlich bald verhinderbaren Lebens erblickt.

Schließlich sollten wir, meine ich, sehr genau eine immer klarer erkennbare psychologisch-pädagogische Kampfführung erkennen, wie sie uns Friedensärzten in anderem Zusammenhang noch aus den 80er Jahren und danach sehr lebendig in Erinnerung ist. Es gibt so etwas, pointiert ausgedrückt, wie eine *biomedizinische Wehrertüchtigung*. Von der Verdächtigung des Begriffes »Bedenken« hatte ich schon gesprochen. »Entschlossen voran!«, heißt die Parole. Weg von typisch deutscher Grübelei und hysterischen Bänglichkeit. Nur Rangehen beweist Potenz. Man sagt: Nichts gegen die Gutmenschen-Moral des Bundespräsidenten, aber die Zukunft gehört allein den Spitzenreitern auf der Überholspur. So wird planmäßig so etwas wie gentechnischer Kampfgeist eingeübt. Indessen, gerade in diesem Moment auch Zweifel auszuhalten und das Gewissen zu befragen, erfordert nicht weniger Mut, aber einen anderen, nämlich einen solchen, von dem manche Atomforscher nachträglich eingestanden haben, dass sie ihn gern frühzeitig aufgebracht hätten.

Natürlich kann das Gewissen aber seine moralische Steuerungsfunktion nur wahrnehmen, wenn etwa im Falle gentechnischer Interventionen die komplizierten Implikationen so weit als möglich durchsichtig gemacht werden. Umso wichtiger ist also, dass die Forschung laufend gründlich und so verständlich wie möglich publik macht, was sie wirklich weiß und kann, um der demokratischen Öffentlichkeit und der Politik zu einer Meinungsbildung zu verhelfen. Wir befinden uns an einem kritischen Punkt, an dem die Eigendynamik der biowissenschaftlichen Forschung in ihrem Tempo der Fassungskraft unseres moralischen Verantwortungssinnes zu enteilen droht. Gerade deshalb sind momentan das Mitdenken und das Mitbedenken der intensiv aufzuklärenden Bevölkerung unerlässlich. Dabei wollen wir hier gern wegbereitend mitwirken, indem wir zunächst den Berufsgruppen des Gesundheitswesens helfen wollen, sich ein besseres Bild zu machen und sich in die Debatte einzumischen. Wir freuen uns sehr, dass unser Angebot bei Ihnen einen erfreulichen Zuspruch erfährt, und wir sind sicher, mit Ihnen zusammen in den nächsten Tagen einiges dazulernen zu können.

IV.

Psychoanalyse im gesellschaftlichen Wandel

Psychoanalyse in der Gesellschaft – eine persönliche Rückschau

Als Freud, von der Neurologie her kommend, die Rolle unbewusster Konflikte bei der Entstehung von Neurosen entdeckte, machte er seine Befunde durch eine Theorie verständlich, die ganz an der *Naturwissenschaft* ausgerichtet war. Noch ein Jahr vor seinem Tode schrieb er rückblickend: »Unsere Annahme eines psychischen Apparates …, der nur an einer bestimmten Stelle unter gewissen Bedingungen den Phänomenen des Bewusstseins Entstehung gibt, hat uns in den Stand gesetzt, die Psychologie auf einer ähnlichen Grundlage aufzurichten wie jede andere *Naturwissenschaft*, z. B. wie die *Physik*.« Nachdem er auf die Mitwirkung sexueller Konflikte bei den von ihm behandelten Neurosen aufmerksam geworden war, interessierte er sich zunehmend für die Bedeutung der Sexualität in der psychischen Entwicklung und speziell in der Psychopathologie. Dabei trat dann notwendigerweise die Gesellschaft mit ihrer sexualfeindlichen Moral in sein Blickfeld. Die kulturelle Sexualunterdrückung, so sagte Freud 1906 in einem Aufsatz, sei schuld an der verbreiteten Nervosität der Menschen, an Lebensängsten und – wegen der verbotenen sexuellen Aufklärung – auch an chronischen Denkhemmungen. »Ist diese schädliche Sexualmoral überhaupt die Opfer wert, die sie uns auferlegt?«, so fragte er, und fügte hinzu, dass in diesem Punkt durchaus Reformvorschläge am Platze seien, mit denen er zwar als Arzt nicht selber hervortreten wolle, deren Dringlichkeit er aber unterstützen könne.

Auf dem Nürnberger Kongress 1910 wurde er noch

deutlicher: »Die Gesellschaft wird sich nicht beeilen, uns Autorität einzuräumen, sie muss sich im Widerstand gegen uns befinden, denn wir verhalten uns kritisch gegen sie, wir weisen ihr nach, dass sie an der Verursachung der Neurosen selbst einen großen Anteil hat. Wie wir den einzelnen durch die Aufdeckung des in ihm Verdrängten zu unserem Feinde machen, so kann auch die Gesellschaft die rücksichtslose Bloßlegung ihrer Schäden und Unzulänglichkeiten nicht mit sympathischem Entgegenkommen beantworten.«

Damit traf Freud genau ins Herz einer linken Jugendkulturbewegung, die in Wien Furore machte. Die jungen Leute sahen in seiner Theorie sowohl eine Hilfe für eigene Veränderung wie für gesellschaftliche Reformen. Unter den neuen Schülern, die Freud aus dieser Szene zuströmten, ragte Siegfried Bernfeld heraus, der zeitweilig die Wiener Jugendkulturbewegung anführte.

Mit ihm kam Otto Fenichel, der schon als Schüler eine statistische Umfrage über sexuelle Aufklärung veranstaltet hatte und deshalb fast von der Schule geflogen wäre. Bernfeld entwickelte übrigens das Modell der antiautoritären Erziehung, das ein halbes Jahrhundert später in den sozialistischen Kinderläden eine erfolgreiche Wiederauferstehung erleben sollte. Wilhelm Reich schloss sich dem Kreis an und beteiligte sich bald am Aufbau des Wiener Seminars für Sexologie, das Fenichel 1918 gegründet hatte. In den Köpfen dieser und anderer neuer Freud-Schüler vereinigten sich zwei große Hoffnungen: Persönlich versprach man sich von der Psychoanalyse eine wichtige Hilfe zur Erweiterung innerer Freiheit durch die Eigenanalyse bzw. durch Therapie. Zugleich sah man in Freuds Entdeckungen eine Handhabe, um gegen die gesellschaftlichen Ursachen für die Produktion innerer Unfreiheit offensiv anzugehen.

Nicht nur in Wien, auch in Berlin formierte sich innerhalb der psychoanalytischen Gruppe ein gesellschaftskritischer linker Flügel. Um Otto Fenichel, der nach Berlin übergewechselt war, scharten sich Annie und Wilhelm Reich, George Gerö, Edith Jacobson und Erich Fromm. Man traf sich in privaten Zusammenkünften. Fromm, Fenichel und Reich glaubten an eine Chance, Freuds Lehre mit der Gesellschaftstheorie des Marxismus verbinden zu können. Reich exponierte sich mit sozialhygienischen Forderungen, so etwa nach Aufhebung des Gesetzes gegen Abtreibung, Homosexualität und sexuelle Aufklärung.

Solchen Bestrebungen gegenüber blieb Freud skeptisch. Allerdings lieferte er 1920 einen grundlegenden theoretischen Beitrag zur Massenpsychologie, der bereits einen wichtigen Schlüssel zum Verständnis der späteren faschistischen Entdemokratisierung der deutschen und der österreichischen Gesellschaft enthielt. In dem Aufsatz »Massenpsychologie und Ich-Analyse« analysiert er nämlich überzeugend die Mechanismen, die in Massen zu einer regressiven Gleichschaltung der Individuen bei Aufgabe ihrer Selbstbestimmung führen können. Indem alle ihr Ich-Ideal an eine Führergestalt abtreten, verschmelzen sie zu einer uniformen hörigen Einheit, deren Kohäsion dadurch gesichert ist, dass alle sich vom Führer gleichermaßen geliebt glauben. Was hätte näher gelegen, als diesen Ansatz zehn Jahre später aufklärerisch zu benutzen, als genau diese massenpsychologischen Prozesse im Vorfeld der Machtergreifung Hitlers sichtbar wurden? Aber davor schreckte Freud zurück. Umgekehrt war ihm die heraufziehende braune Gefahr ein Anlass, alle Provokationen zu vermeiden, die zu einer Bedrohung der Arbeit an den Instituten hätten führen können. So waren es dann nur zwei linke Psychoanalytiker der Berliner Gruppe, die den Nationalsozialisten mit einer psychoanalytisch fundierten enthüllenden Kritik offen entgegentraten. Wilhelm Reich publizierte das später weit bekannt gewordene Buch »Die Massenpsychologie des Faschismus«, Simmel den mutigen Aufsatz »Nationalsozialismus und Volksgesundheit«, der noch 1932 gedruckt wurde. Reich analysierte holzschnittartig den pseudoreligiösen Rassenreinheitswahn der Nazis: »Nordisch wird gleichbedeutend mit licht, himmelhaft, asexuell, rein.« Die »schmutzige« Sexualität werde den Juden zugeteilt, so heißt es weiter, die als triebhaft-tierisch porträtiert würden und die Bekämpfung mit sadistisch-mystischer Brutalität verdienten. Simmel enthüllte, dass Hitler auf denkmüde Verantwortungsscheu spekuliere und mit Musik, Uniformen und Standarten Weihrauch über die am Boden liegende Menge ausbreite. Wörtlich: »Die Hitlerbewegung ist nun, psychologisch gesehen, eine Wiederherstellung des Kriegszustandes für seine Anhänger. Es herrscht wieder absolute Befehlsgewalt des einen unverantwortlichen Führers, der allen anderen die Verantwortung und damit die Schuldgefühle abnimmt. Der Feind steht wieder außerhalb der Gemeinschaft. Diesmal ist es der Jude, der Marxist, der Andersdenkende überhaupt – er ist das Ziel, in Wirklichkeit das Phantom für die Abreaktion aggressiver kannibalistischer Strebungen.«

Simmel wurde kurz verhaftet, konnte dann aber wie Reich flüchten. 1944 brachte Simmel in San Francisco noch einmal ein bedeutendes Symposium über Antisemitismus zustande, für das er neben prominenten Analytikern auch Soziologen wie Horkheimer und Adorno gewann. Das

Symposium sollte ein Warnzeichen gegen rechtsradikale Volksredner setzen, die damals an der amerikanischen Westküste beunruhigendes Aufsehen erregten. Dieses Symposium bildete gleichsam den Schlusspunkt einer Phase, die dem sozialpsychologischen und gesellschaftskritischen Potential der Psychoanalyse eine beachtliche Entfaltung verschafft hatte.

Allerdings hatte die Wiener Gruppe um Freud diesen Schlusspunkt bereits zehn Jahre vorher für die europäischen Institute gesetzt. 1934 war es auf dem Luzerner Kongress die Aufgabe von Ernest Jones, Präsident der Vereinigung, die strikte Abgrenzung der Psychoanalyse von allem Politischen zu beteuern. Diese habe in Theorie und Praxis mit politischen Dingen überhaupt nichts zu tun. Bald darauf durfte in therapeutischen Analysen nicht mehr über politische Dinge gesprochen werden. Den Analytikern wurde jede eigene politische Betätigung untersagt. Wer sich widersetzte, wie in Wien z. B. die Ausbildungskandidatin Marie Langer, wurde mit Ausschluss bedroht. Nur der Fürsprache ihres Lehranalytikers Richard Sterba verdankte sie es, dass ihr der Rauswurf erspart wurde. Gleichlaufend mit diesen taktischen Vorsichtsmaßnahmen geschah aber auch so etwas wie ein wissenschaftlicher Selbstreinigungsprozess. (Als hätte nicht Freud selbst 1920 mit seiner Arbeit »Massenpsychologie und Ich-Analyse« das psychoanalytische Forschungsfeld auf gesellschaftliche Prozesse ausgedehnt.) So kehrte Heinz Hartmann, der in jenen Jahren zum neuen Cheftheoretiker aufstieg, zu den biologischen Konzepten der Frühzeit zurück. Bereits 1927 war er mit folgender Formulierung aufgetreten: »Die Psychoanalyse ist … eine biologisch orientierte Richtung der Psychologie. Ja, sie betrachtet sich selbst als einen Zweig biologischer Forschung.« Im November 1937, also beinahe am Vorabend der Besetzung Wiens, stellte Hartmann am dortigen Institut die Kerngedanken seines Buches »Ich-Psychologie und Anpassungsproblem« vor. Anpassung bezog sich in der Darstellung Hartmanns auf eine abstrakt beschriebene »durchschnittlich zu erwartende Außenweltsituation.« Kein Wort davon, dass in diesem Augenblick Anpassung für die Masse der Bevölkerung nichts anderes als eine schleichende Aufgabe der individuellen Autonomie bedeutete, während für die jüdischen Analytiker, die noch nicht emigriert waren, überhaupt nur der Rettungsweg der Flucht vor physischer Vernichtung bevorstand.

In Hartmanns Theorie, die ich noch nach dem Krieg als maßgebliche Schulmeinung kennen lernen sollte, war die konkrete Gesellschaft ganz und gar verschwunden. Je massiver im Umfeld die massenpsychologischen Regressionsprozesse in der Nazigesellschaft hervortraten, um so hartnäckiger beharrte man darauf, dass die Psychoanalyse damit nichts zu tun habe, als sei »Massenpsychologie und Ich-Analyse« nie geschrieben worden.

Die Rückwendung zu einer Naturwissenschaft von der Seele bestand in der Emigration fort. So verkündete Anna Freud 1954 in New York, die *optimistische* Periode der Psychoanalyse sei zu Ende. Neurosen kämen nicht durch traumatische Erfahrungen zustande, auch nicht durch Missbrauch elterlicher Autorität, durch Kastrationsdrohungen oder Unterdrückung sexueller Neugier. Sie seien allein die Folge *innerer* Konfliktbereitschaft oder *schicksalshafter*, unvermeidlicher sozialer Erfahrungen wie Abstillen, Sauberkeitstraining, Geschwisterrivalitäten und dergleichen. Auch den Kriegseinflüssen legte sie keine nennenswerte Bedeutung bei, nachdem sie zusammen mit Dorothy Burlingham

Londoner Kinder studiert hatte, die das Inferno des Bombenkrieges und zum Teil sogar eigene Verschüttungen erlebt hatten, ohne nennenswerte psychotraumatische Nachwirkungen erkennen zu lassen – unter der Bedingung jedenfalls, dass sie sich von ihren Müttern beschützt geglaubt hatten. Damit entmutigte Anna Freud nicht nur vorläufig die gesamte Traumaforschung, sondern zugleich die psychoanalytische Pädagogik und die psychoanalytische Sozialarbeit, die sich erst geraume Zeit später wieder erholen sollten.

Wenn ich mich selbst 1950 zur Ausbildung am Berliner Psychotherapeutischen Institut nicht der großen Gruppe um Schultz-Hencke, sondern den sieben Freudianern anschloss, die gerade eine eigene Vereinigung gründeten, so deshalb, weil ich mich mit meinen eigenen Problemen hier besser aufgehoben glaubte. Schultz-Henckes Theorien von der Neurose als gehemmte Expansivität kam mir zu oberflächlich vor, und sie passte auch nicht zu meiner inneren Verfassung. Ich hatte gerade zwei Jahre mit meiner philosophischen Doktorarbeit über den Schmerz zugebracht, in der ich, wie ich später erkannte, mich mit Hilfe der Philosophie-Geschichte mit meinen eigenen inneren Spaltungen und Traumafolgen beschäftigt hatte.

Anfangs waren wir nur eine Handvoll Schülerinnen und Schüler. Wir merkten unseren Berliner Lehrerinnen und Lehrern an, dass auch sie innerlich noch sehr damit belastet waren, was sie in der jüngsten Vergangenheit versäumt oder erlitten hatten. In ihrer Gruppe waren zeitweilig Konformismus mit Widerstand im Untergrund vereint, und über allen lag noch der Schatten der Hinrichtung ihres Kollegen und Widerständlers John Rittmeister, der die Poliklinik des so genannten Reichsinstituts in Berlin geleitet hatte, das letzte berufliche Refugium der in Berlin verbliebenen Analytikerinnen und Analytiker.

Es war aber offenbar keine Spezifität unserer *Berliner* Lehrer, die quälenden politischen Erinnerungen – wenn man von unseren Lehranalysen absieht – kaum zu berühren. Auch die *Gastanalytiker* und *Gastanalytikerinnen*, die uns periodisch aus London und Amsterdam zur Nachhilfe und zur Supervision besuchten, brachten diese Themen nicht zur Sprache. Kein Wort fiel über die Leiden ihrer Vertreibung, ihrer familiären Verluste, auch gab es keine kritische Nachfrage nach den problematischen Zugeständnissen, mit denen die in der Nazizeit in Berlin verbliebenen Analytiker ihre Arbeit zu retten versucht hatten. Ich wage die Vermutung, dass es die immer noch zu frische persönliche Überwältigung von den Verfolgungen und den Verstrickungen war, die den Betroffenen versagte, diesen Themenkreis zu berühren. Die Schmerzen wie die Schuldängste brannten noch wie offene Wunden. Politisches wurde ferngerückt, weil es noch zu nahe war.

Anders war die Situation für uns junge Kandidaten. Wir konnten unsere Analysen nutzen, um zu sprechen. Ich glaube, es gilt nicht nur für mich, wenn ich sage, dass wir in der Psychoanalyse von Anfang an mehr suchten als einen Weg zur persönlichen Selbstheilung und zur Schulung als Therapeuten. In der Mehrzahl waren wir angehenden Psychoanalytiker als Assistenten oder Volontäre in Nervenkliniken beschäftigt, wo wir täglich den Spuren des Geistes begegneten, der zu den Massensterilisationen und zur Ermordung von rund 100.000 psychisch Kranken geführt hatte. Für meinen Psychiatrie-Chef, der es öffentlich bedauerte, dass sich nunmehr Psychopathen ungehindert fortpflanzen dürften, war ich als junger Psychoanalytiker ein gerade eben geduldetes Ärgernis. Ich leistete jahrelang als wissenschaftliche Hilfskraft vollen Assistentendienst, und meine Habilitationsschrift »Eltern, Kind und Neurose« blieb zwei Jahre ungelesen liegen. Aber ich merkte, dass diese Zurücksetzungen weniger meiner Person galten, und ich spürte, dass ich auch meinerseits mehr als eine private Auseinandersetzung austrug. Es ging um den Konflikt zwischen zwei Grundhaltungen.

Was mir die Hauptkritik eintrug, war das Bemühen um partnerschaftliche Nähe und empathische Anteilnahme auch und gerade an den psychotischen Patienten. Das wirkte offenbar provozierend wie eine unangemessene Selbsterniedrigung gegenüber einer »Kategorie« von Menschen, denen gegenüber eine autoritäre Distanz als angemessen galt. Das emanzipatorische Ziel des psychoanalytischen Denkens passt eben nicht zu einer Mentalität, die immer noch teils offen, teils uneingestanden zwischen »erblich Höherwertigen« und »erblich Minderwertigen« unterschied. Ich will anhand dieser Erfahrungen nur zeigen, warum ich wie andere Jüngere in der Psychoanalyse mehr suchte und fand als die Hartmann'sche Naturwissenschaft von der Seele bzw. als eine Wissenschaft, die es im Sinne des Pessimismus von Anna Freud nur mit »inneren Konfliktbereitschaften« und der Reaktion auf unvermeidliche bzw. »schicksalhafte Außeneinflüsse« zu tun haben sollte.

Meine Proteste gegen die autoritäre Psychiatrie waren freilich auch ein Befreiungsversuch von einer geheimen Selbstentwertung. Die war die Folge der Verinnerlichung von Wertvorstellungen, nach denen ich mich eher als niederes Wesen gegenüber dem maßstäblichen heroischen soldatischen Typus fühlen sollte. In der Auseinandersetzung mit der autoritären Psychiatrie ging es mir also zu einem wesentlichen Teil auch um Schutz der eigenen Identität vor den partiell verinnerlichten Elementen der Nazi-Erziehung.

Auf das Problem der *unbewussten Anpassung* unter sozialem Druck war ich bereits in meinen Lehranalysen gestoßen, und so führten mich meine Interessen ein Stück weit ab von der orthodoxen Sichtweise, die das psychische Geschehen ganz überwiegend auf der inneren Bühne des Einzelnen verfolgt. Ich begriff, ähnlich wie Erikson und die ungarische Schule, die psychische Entwicklung von vornherein als einen fortwährenden Austauschprozess, in welchem das Kind, der Heranwachsende und auch noch der Erwachsene ständig unbewusst von äußeren sozialen Erwartungen beeinflusst und Anpassungszwängen ausgesetzt ist, die sich im Selbstbild bis zur Selbstentfremdung niederschlagen können.

In einer Beratungs- und Forschungsstelle für seelische Störungen im Kindesalter in einem Berliner Arbeiterbezirk hatte ich zehn Jahre Gelegenheit, kindliche Störungen unter dem Aspekt der unbewussten Auseinandersetzung der Kinder mit Erwartungen zu studieren, die von ungelösten Elternkonflikten herrührten. Mein Buch »Eltern, Kind und Neurose« entstammte der mehrjährigen Begleitung von Familien, die mich zu verstehen lehrte, wie Eltern aus eigenen Problemen heraus mehr oder weniger ahnungslos Kinder in pathogene Rollen drängten.

Die Älteren unter ihnen werden sich daran erinnern, dass diese Sichtweise dann gegen Ende der 60er Jahre in einer groben Vereinfachung und Verallgemeinerung von der studentischen Jugend aufgegriffen wurde, die ringsum nur noch eine unterdrückende Elterngeneration wahrnahm, gegen die sie in antiautoritärem Protest Sturm lief. In den antiautoritären Kinderläden, die damals entstanden und von denen ich zwei supervidierend begleitete, lag das Hauptaugenmerk darauf, die Kinder vor dem offenen oder unbewussten Missbrauch elterlicher Macht zu schützen. Eingebettet war diese Einstellung indessen in einen umfassenden gesellschaftlichen Konflikt, nämlich in das Aufbegehren der studentischen Jugend gegen eine Elterngeneration, die über ihre Nazischuld über 20 Jahre hinweg geschwiegen hatte. Die Jugend wehrte sich gegen ein ihr unbewusst übermitteltes Erbe. Wenn sie gegen den Napalm-Einsatz der Amerikaner in Vietnam revoltierte, dann meinte sie zugleich die Verbrechen der Väter in Auschwitz. Sie erlebte sich als antifaschistisch. Herausragende intellektuelle Vertreter entfachten eine große Begeisterung für die prominentesten linken Psychoanalytiker der Vor-Nazizeit. Reich, Fromm, Fenichel, Bernfeld wurden massenhaft raubgedruckt. Der Wilhelm-Reich-Schüler und -Freund A. S. Neill brachte es mit der Darstellung seines antiautoritären Pädagogikmodells »Summerhill« zu einer Millionenauflage. Auch von »Eltern, Kind und Neurose« wurden mehrere hunderttausend Exemplare gedruckt. Die Stimmung ähnelte in mancher Hinsicht jener Wiener Jugendkulturbewegung, aus der *die* Psychoanalytiker stammten, die in der Wissenschaft Freuds so etwas wie ein in die Innenwelt hinein verlängertes Konzept zur politischen Erneuerung der Gesellschaft suchten.

Aber diesmal, 1968, verschlossen sich die meisten psychoanalytischen Institute, anders als in den 20er Jahren, der Gesellschaftskritik. Die später von Heide Berndt zusammengestellte psychoanalytische Literatur über die 68er-Bewegung beschränkte sich überwiegend auf die Diagnose einer ödipalen Revolte bzw. einer Reifeverzögerung durch die Abwesenheit vieler Väter im Zweiten Weltkrieg. Dementsprechend versagten sich die psychoanalytischen Institute auch in der Regel konsequent den Strukturreformen, die gleichzeitig in vielen Institutionen der Bildung und selbst der Wirtschaft durchgesetzt wurden. (Wolfgang Loch, so etwas wie der Cheftheoretiker der Deutschen Psychoanalytischen Vereinigung, erklärte mir, als wir während einer Tagung der Vereinigung durch Hamburg spazierten, die ganze 68er-Bewegung als eine von Moskau aus inszenierte und gesteuerte Kampagne zur Destabilisierung der westdeutschen Verhältnisse.) Sogar Alexander Mitscherlich, der zusammen mit seiner Frau Margarete 1967 mit dem Buch »Die Unfähigkeit zu trauern« eine aufsehenerregende Analyse der Hitler-Verdrängung veröffentlicht hatte, betrachtete die Jugendrevolte eher als ein klinisches Phänomen. Dennoch wirkte diese tief in das gesellschaftliche Bewusstsein hinein. Weil unsere Gießener Gruppe im Unterschied zu den meisten deutschen Instituten die kritischen Reformideen aufgriff, die sich Anfang der 70er Jahre aus der verebbenden 68er-Bewegung herauslösten, bekamen wir die Gelegenheit, an zwei wichtigen gesellschaftlichen Vorhaben mitzuwirken.

Persönlich konnte ich zusammen mit Thure von Uexküll auf dem Westdeutschen Medizinischen Fakultätentag die Anerkennung von Psychotherapie, Psychosomatik und Medizinischer Psychologie als Pflichtfächer im Medizinstudium durchkämpfen, was 1970 in die neue Approbationsordnung einfloss. Das eröffnete zahlreichen jungen Wissenschaftlern den Zugang zu akademischer Forschung und Lehre. Dreißig Psychoanalytikerinnen und Psychoanalytiker aus beiden analytischen Fachvereinigungen trafen sich dann in Abständen ein Jahr lang in Gießen, um an der Enquête für die Reform der psychosozialen Versorgung mitzuarbeiten. Diese Enquête hat vieles, was heute selbstverständlich erscheint, in Gang gesetzt und befördert. Übrigens war Willy Brandt, der sich für dieses Unternehmen persönlich einsetzte, ein Schüler Wilhelm Reichs gewesen. Nach beider Emigration nach Norwegen war Brandt ein eifriger Teilnehmer an Reichs Seminaren in Oslo gewesen. Darüber hat er verschiedentlich mit mir gesprochen. Einmal hat er mir bei einem meiner Besuche stolz ein Wiener Wahlkampfplakat gezeigt, auf dem Freud für den roten Magistrat votiert hatte.

In jenem Reformklima der 70er Jahre erlebten unsere analytischen Institute einen regelrechten Ansturm von Ausbildungsbewerbern wie nie zuvor. Aber hier erfuhren diese, dass sich die Psychoanalyse in ihrem Mainstream eher von den sozialen Anwendungsformen abwandte, die noch unlängst hoch im Kurs gestanden hatten. Familientherapie, Gruppentherapie, Sozialtherapie und Institutionsberatung, ursprünglich überwiegend psychoanalytisch orientiert, spalteten sich ab. Heinz Kohut wurde mit seinen beiden Büchern »Narzissmus« und »Die Heilung des Selbst« einer der maßgeblichen neuen Wegweiser. Sein Rat, sich von der Sozialpsychologie konsequent abzuwenden und sich allein auf die inneren Prozesse des Individuums zu konzentrieren, wurde zur dominierenden Lehrmeinung an den meisten Instituten. Gleichzeitig verlor die von der Jugendrevolte angestoßene *soziale Reformbewegung* in der Gesellschaft ihren Schwung und machte einem stetig wachsenden Hang zur *Individualisierung* Platz.

Die Annahme liegt nahe, dass die Konzentration der Psychoanalytiker auf die Probleme des *Narzissmus nicht zufällig* mit den repräsentativ ermittelten *Einstellungsände-*

rungen in der Gesellschaft einherging. *Diese* wiederum ließen daran *zweifeln*, dass sie *nur eine spontane Veränderung des Stimmungsklimas* ausdrückten. Stattdessen sprach vieles dafür, dass sie mit dem immer reiner hervortretenden Neoliberalismus zu tun hatten, also mit dem *durchschlagenden Konkurrenzprinzip der Wirtschaftsordnung.*

Zur Erforschung der Zusammenhänge zwischen den ökonomischen Verhältnissen und der psychischen Verfassung war man an manchen unserer Institute wenig bereit, in denen man sich daran hielt, die Außenwelt des Individuums nach wie vor auf die Bedeutung ihrer *Spuren* und *Verarbeitungsformen* in der *intra-individuellen* Welt zu reduzieren, womöglich noch mit der Annahme verbunden, dass die für die psychische Entwicklung wesentlichen gesellschaftlichen Bedingungen ohnehin mehr oder weniger *konstante kulturelle Gegebenheiten* seien.

Aber diese künstliche Ausgrenzung der gesellschaftlichen Faktoren war und ist nun nicht mehr in einer Phase aufrechtzuerhalten, in welcher der »Terror der Ökonomie« – Titel des Bestsellers von Viviane Forrester – unübersehbar mit vehementer Gewalt in die allgemeinen Lebensformen und nicht zuletzt in die Bedingungen unserer eigenen Arbeit eingreift. Die Charakterentwicklung des Kindes, die Familienstrukturen, das Gemeinschaftsleben sind unter den massiven Druck ökonomischer Umwälzungen geraten. Das heutige Kind wächst bei Eltern (wenn nicht nur bei einem Elternteil) auf, die vom raschen Wechsel der ökonomischen Strukturen zu *instabilen Lebensformen* gezwungen werden. Die Erwachsenen werden hin- und hergeworfen durch das Fusionieren, durch Umwandlungen oder Zusammenbrüche ihrer Betriebe, durch notwendigen Wechsel ihrer Arbeitsorte, durch Umstellungen von Jobs, von denen manche plötzlich verschwinden, andere neu auftauchen. Immer schwieriger wird es, *längerfristig* zu planen, sich an einem Ort *heimisch* zu machen, sich auf eine Arbeitsstelle dauerhaft einzurichten. *Bindungen* werden *lockerer* durch die erzwungene *Kurzfristigkeit der Lebensplanungen*. Die Biographien zerfallen in Episoden. Aber was wird aus Menschen, die das Prinzip solcher Unstetigkeit *verinnerlichen*, die genötigt werden, sich nur noch an den Augenblick zu binden und immerfort auf dem Sprung sein zu müssen? Wie können sie gegeneinander, gegenüber ihren Kindern, aber auch gegenüber ihren *inneren* Prinzipien noch verlässlich sein, wenn die Unverlässlichkeit der Umstände sich mehr und mehr psychisch in ihnen abbildet? Wenn Treue und Loyalität ihren Wert mit dem Schwinden von Konstanz und Langfristigkeit verlieren? Richard Sennett fragt: Wie können sich noch stabile Charaktere in dieser flexibilisierten und fragmentierten Welt bilden?

Der Neoliberalismus pur übt seine Unterdrückung auf eine *anonyme Weise* aus. Die Verinnerlichung seines Prinzips führt dazu, dass Menschen sich an ihrem Wert für die *Wettbewerbsfähigkeit der Gesellschaft* messen, dass *Alte* zweifeln, ob sie eigentlich länger leben dürfen, dass *soziale Verlierer* sich für ihr *Scheitern* beschuldigen, dass *Kranke* glauben, dass sie eigentlich nicht krank sein sollten. Wenn zu Anfang des Jahrhunderts die triebfeindliche Sexualmoral Freud veranlasst hatte, der Gesellschaft – so wörtlich – »einen großen Anteil an der Entstehung seelischer Störungen« zuzuweisen, so haben wir es heute mit einer Gesellschaft zu tun, die auf eine andere umfassende Weise in die innere Welt eingreift, mit einer Gesellschaft, die fortwährend zu einer chamäleonartigen psychologischen Anpassung an schnell wechselnde soziale Strukturen drängt und damit den langwierigen Prozess der Ich-Integration und der Bildung eines autonomen Über-Ichs behindert. Unter dem Leitbild maximaler Flexibilität droht die Konstanz verloren zu gehen, die Bedingung für die Entwicklung verlässlicher äußerer Bindungen wie für die innere Bindung an dauerhafte Werte ist.

Die Psychoanalyse ist kein Mittel, das ökonomische System zu verändern. Aber wir haben eine psychoanalytische Kulturpsychologie, die uns zur kritischen Analyse der destruktiven Wirkungen der Alleinherrschaft des Ökonomischen in allen Lebensbereichen nötigt. Und wir haben eine psychoanalytische Therapie, in der wir Patienten helfen können, ihre eigenen Bedürfnisse und ihre eigenen Maßstäbe hinter den äußeren Zumutungen herauszufinden und ihre *Standhaftigkeit* gegen destruktive Selbstentfremdung zu stärken. Das erfordert allerdings, in unser Verständnis von Gesundheit und Krankheit die Wechselbeziehung zwischen *Verinnerlichung des Gesellschaftlichen* einerseits und *sozial verantwortlichem Handeln* andererseits aufzunehmen. Praktisch bedeutet das für uns, dass wir uns zum Beispiel nicht selbst in vorauseilendem Gehorsam unzuträglichen einschnürenden Vorschriften für unsere Praxis unterwerfen, etwa der Preisgabe von Patientendaten in einem Maße, das den Vertrauensschutz zerstört, und Bestimmungen, die unsere Arbeit jenseits einer Grenze messbar machen wollen, über die hinaus sie eben nicht mehr messbar ist.

Wir wissen alle, wie schwierig es zur Zeit ist, dem offiziellen Wirtschaftsstandort-Denken notwendige Zugeständnisse an unser Anliegen abzutrotzen. Es gibt längst nicht mehr den Rückenwind, den wir Älteren hatten, als wir die Psychofächer ins Medizinstudium integrierten und unser Therapie- und Beratungswesen mit Hilfe einer entsprechenden Enquête ausbauen konnten. Aber berufspolische Erfolge sind zur Zeit nicht nur *erschwert*, sondern werden vollends *unmöglich*, wenn die inzwischen um ein Vielfaches angewachsene Zahl der Psychoanalytikerinnen und Psychoanalytiker weiterhin das berufspolitische Engagement an eine kleine Gruppe von Funktionären delegiert, die dann noch hinter vorgehaltener Hand als *agierende Halbanalytiker* abqualifiziert werden. Das Gegenteil ist richtig. Nicht *die* Psychoanalyse verliert ihre Identität, die für ihr »humanistisches Modell«, wie es Max Horkheimer genannt hat, in die Kampfarena steigt, sondern *diejenige*, die ihre Feigheit rationalisiert und sich nur doch defensiv nach fremden Kriterien zu rechtfertigen versucht, die ihr unangemessen sind und nach denen pragmatische Verfahren ohnehin besser dastehen. Ich meine, dass Psychoanalytiker die Qualität ihrer Wissenschaft durch sich selbst als Personen in der Weise belegen müssen, dass sie mit der Übernahme praktischer Verantwortung für das humanistische Modell ihrer Wissenschaft einstehen und sich dafür auch politisch einsetzen.

Sicherlich wird wieder einmal eine Zeit wie Ende der 60er und in den 70er Jahren kommen, in der eine junge Generation fragen wird: Wo waren um die Jahrhundertwende denn die Psychoanalytikerinnen und Psychoanalytiker, die sich gegen die Unterdrückung ihrer emanzipatorischen Wissenschaft und Therapie gewehrt haben, als sich die damalige Gesellschaft der Entwürdigung des Menschen zu einem bloßen Kosten-Nutzen-Faktor im Wettkampf der ökonomischen Interessen schuldig gemacht hat?

Nun ist es so, dass ich persönlich gut reden habe, weil ich nicht mehr über die Kräfte verfüge, mich wie früher in der berufspolitischen Arena zu schlagen. Ich spreche deshalb für *die* Kolleginnen und Kollegen, die genau dies gegenwärtig tun. Es wäre doch ein Unding, wenn die Psychoanalytiker als inzwischen stattliche Berufsgruppe mit der über 100 Jahre alten kreativen Kraft ihrer Wissenschaft und der bewiesenen Effizienz ihrer Methode nicht die Power und die Solidarität aufbringen könnten, um ihre gute Sache ein Stück offensiver als bisher zu vertreten.

Aus: Anne-Marie Schlösser und Kurt Höhfeld (Hg.), »Psychoanalyse als Beruf«, Gießen: Psychosozial-Verlag, 2000

Der Zeitgeist steht nicht still –
Psychoanalyse der Gruppe

Horst-Eberhard Richter im Gespräch mit Arist von Schlippe und Steffen Fliegel, »Psychotherapie im Dialog«, Nr. 1, Jg. 2001

Herr Richter, Sie gelten als Vertreter einer Generation, die schon eine lange Spanne psychotherapeutischer Konzeptentwicklung überblicken kann. Wen würden Sie heute als Persönlichkeiten bezeichnen, die Sie und Ihren Weg entscheidend mit beeinflusst haben?

Im Bereich Psychoanalyse, Psychosomatik und Psychotherapie waren für mich Viktor von Weizsäcker und Sigmund Freud entscheidende Leitfiguren. Für meine philosophischen Interessen war Max Scheler besonders wichtig, für mein politisch-psychologisches Engagement Willy Brandt.

Sie haben für die Gruppentherapie schon früh wesentliche Impulse gesetzt. Können Sie uns von Ihren ersten Erfahrungen berichten, die Sie dazu brachten, die Gruppe als bedeutsames Feld für die Entwicklung von Personen anzusehen und therapeutisch zu nutzen.

Eine Gruppe zu organisieren und mich selbst darin zu integrieren, das war wohl von früh an für mich ein Interesse und auch eine Begabung. So etwas, was man im Sport Spielertrainer nennt. Das Leben mit einer Mannschaft, das war für mich vielleicht als Einzelkind ein besonderes Bedürfnis. Professionell konnte ich erstmals 1952 eine eigene

Gruppe bilden, als ich – heute undenkbar – schon als 29-Jähriger die Leitung einer Beratungs- und Forschungsstelle für seelisch gestörte Kinder und Jugendliche in Berlin übernehmen konnte.

War das schon in Gießen?

Nein, das war in Berlin, und zwar im Arbeiterbezirk Wedding. Es war eine Einrichtung, die früher vom Kaiser-Wilhelm-Institut getragen und nun in die Regie der Stadt Berlin übergegangen war. Da kam ich darauf, dass die Probleme der vorgestellten Kinder vielfach nur als gemeinsame Beziehungskonflikte in der Familie zu verstehen waren. Die Kinder reagierten mit ihren Symptomen unbewusst auf Konflikte ihrer Mütter oder Eltern, in die sie mit hineingezogen wurden. Die Stelle war in einem großen Kinderkrankenhaus angesiedelt. Da hatte ich es überwiegend mit Arbeiterfamilien zu tun, mit Menschen, die in dieser Schicht gewöhnt waren, sich offener und direkter mitzuteilen und impulsiver zu reagieren, als es in einer bürgerlichen Klientel üblich ist. Die Interaktionsprozesse waren für mich deshalb leichter durchschaubar. Aber ich machte für mich noch eine ganz andere, sehr gewinnbringende Gruppenerfahrung. Zusammen mit den Mitarbeiterinnen meiner Stelle trafen wir uns wöchentlich mit dem Chefarzt der Kinderklinik, mit den Mitgliedern der Erziehungsberatungsstelle, dem Schulpsychologen und Sozialarbeitern des Jugendamtes und bildeten gemeinsam so etwas wie eine psychosoziale Arbeitsgemeinschaft, in der wir unsere Erfahrungen vor allem über Problemfamilien in dem Bezirk austauschten und dabei viel voneinander lernten. Es waren für mich wichtige Erfahrungen über den Nutzen der Kooperation zwischen verschiedenen psychosozialen Diensten. Gleichzeitig habe ich besser verstanden, wie psychische und soziale Faktoren bei der Entstehung von Familienkonflikten und psychischen Störungen häufig zusammenwirken.

Die erste Erfahrung mit der Gruppe haben Sie demnach gemacht, indem Sie die Familie als Gruppe wahrgenommen haben. Wie sind Sie denn dann zur Gruppentherapie gekommen?

Das kam auf mich in der zweiten Hälfte der 60er Jahre zu. Da wurde die Gruppe wie eine neue Lebensform entdeckt. In der jungen Generation wurde sie wie eine Art Werkstatt gesucht, in der viele das zu verwirklichen hofften, was ich im Untertitel meines Buches »Die Gruppe« geschrieben habe: nämlich sich selbst und andere zu befreien. Das wurde wie eine offenbarte Vision, Befreiung aus Isolation und vor allem aus der Abhängigkeit von einer beargwöhnten Elterngeneration. Befreiung aber auch von Unterdrückung in Institutionen, Befreiung der Frauen aus männlicher Vorherrschaft. Die Gruppe erschien als geeignete Lebensform für gemeinsame Emanzipation. Ende der 60er Jahre entstanden auch die ersten Elterngruppen, die zusammen mit ihren Kindern die so genannten Kinderläden bildeten. Probiert wurde eine neue Partnerschaft untereinander und mit den Kindern. Etwa um 1970 formierten sich unendlich viele spontane Gruppeninitiativen, z. B. therapeutische Gemeinschaften in der Psychiatrie, Initiativen in sozialen Brennpunkten oder psychosoziale Arbeitsgemeinschaften.

Die Dynamik erfasste auch die Stätten höherer Bildung und die Arbeitswelt. Wichtige Stichworte waren hier: Abbau von hierarchischen Verhältnissen, erweiterte Mitbestimmungsregelungen in den Betrieben usw. Wohngemeinschaften schossen wie Pilze aus dem Boden. In der Studentenschaft organisierten sich viele politische Gruppen. Denn die Idee war: Wenn wir die Gesellschaft menschlicher machen wollen, dann müssen wir bei uns selbst anfangen. Wir können nur gemeinschaftsfähiger werden, wenn wir mit unseren inneren Konflikten besser umgehen können. Aber eben dabei können wir uns zugleich wechselseitig helfen. Eine besondere Hilfe waren da die Psychoanalytiker, die aus der Wiener Jugendkulturbewegung hervorgegangen waren, Bernfeld und Fenichel zum Beispiel. Teilweise wurde es zum Trend, sich gleichzeitig an Marx und Freud anzuhängen. Auch mein Buch »Eltern, Kind und Neurose« wurde so etwas wie ein »Heilsbuch«, nachdem es mehrere Jahre kaum verkäuflich gewesen war. Dass Kinder oft unbewusst die Konflikte ihrer Eltern austragen, was ich systematisch beschrieb, passte zu den Emanzipationshoffnungen jener Zeit.

Sie haben gerade von Befreiung gesprochen. Die jungen Menschen der 68er-Generation sind aber doch von einer Gruppe in die nächste gegangen, sie haben sich abgelöst und haben dann in einer anderen Gruppe Zuflucht gefunden. Würden Sie das als Befreiung bezeichnen?

Jedenfalls wurde etwas entfesselt. Es wurden Kräfte frei, die sich überall als Impulse bemerkbar machten, an traditionellen, einengenden Strukturen zu rütteln. Die studentische Jugend bekam ein neues Gefühl von gesellschaftlicher Wichtigkeit. Das hing mit einem untergründigen Generationskonflikt zusammen. Es war die außergewöhnliche Situation, dass eine junge Generation die Verdrängung der Elterngeneration aufbrach, die mehr als zwanzig Jahre über ihre Vergangenheit hinweggeschwiegen hatte. Unbewusst wehrte sich die Jugend gegen das ihr stillschweigend aufoktroyierte geistige Erbe. Daher die Idee, in den so leidenschaftlich erstrebten Veränderungen des Zusammenlebens zugleich die Reste der Hitlerzeit zu überwinden.

In der damaligen Zeit sind ja auch eine ganze Reihe gruppentherapeutischer Ansätze entstanden. Glauben Sie denn, dass die vielen Formen von Gruppentherapie damals durch diese Prozesse auch Anschub bekommen haben?

Ganz eindeutig. Denn die ersehnten gesellschaftlichen Veränderungen ließen sich nur in gemeinsamen Initiativen erreichen. Und da wurde die Gruppe zu einem wichtigen Instrument bzw. zu einer Werkstatt, in der man mikrosoziologisch durch Einfühlung und Solidarisierung probieren konnte, was man makrosoziologisch herstellen wollte. Man übte sich in einer neuen Sensibilität, Verhinderung von Ausgrenzungen und von Machtmissbrauch. Scharen von Therapeuten, die schon eine persönliche Lehranalyse hinter sich hatten, unterzogen sich gruppendynamischen Trainings. Ich selbst machte eine solche 14 Tage lang in Bad Teinach mit, es war für mich ein enorm aufwühlendes, aber ungemein instruktives Erlebnis, von dem ich für meine Therapien, für die Moderation meiner klinischen und Forschungsteams, aber auch für die Reformarbeit in der psychosozialen Versorgung viel gewonnen habe.

In Ihrem Buch »Die Gruppe« haben Sie die Gruppe als »gesellschaftliche Werkstatt für neue Formen von Partnerschaft«

bezeichnet. Wenn Sie das von heute aus beurteilen würden, war das ein Erfolg, diese enge Verbindung von therapeutischer, persönlicher und politischer Befreiung oder ist das letztlich gescheitert?

Wenn ich an die Entwicklungen mancher meiner Freundinnen und Freunde und an die eigene denke, so hat jene Phase enorme Früchte getragen. Vieles ist weitergewachsen: Die soziale Psychiatrie, der Trend zu Gruppenarbeit in den Betrieben hat angehalten. Viele erkämpfte Mitbestimmungsregelungen existieren weiter. Die Integration sozialer Brennpunkte hat erhebliche Fortschritte gemacht. Die Konjunktur psychologisch orientierter Institutionsberatung ist jetzt erst richtig in Gang gekommen. Die in den 60er Jahren entstandenen Selbsthilfegruppen haben sich in den 70er und 80er Jahren vervielfältigt. Selbsterfahrungsgruppen haben sich neben der individuellen Lehranalyse als definitives Modell von eigenanalytischer Fortbildung etabliert.

Wenn Sie von Scheitern sprechen, so meinen Sie vielleicht die allmähliche Wandlung des Zeitgeistes. Die große soziale Bewegung von Anfang bis Mitte der 70er Jahre klang allmählich ab. Individuelle Selbstverwirklichung wurde zur Leitvorstellung der neuen Ära. Symptomatisch war, dass Psychoanalytiker wie Heinz Kohut dringend davon abrieten, die sozialpsychologischen Ansätze der Psychoanalyse weiter zu verfolgen und strikt zur Individualanalyse zurückzukehren.

Aber die Erfahrungen mit spontanen Gruppen wirkten sich fruchtbar auf neue politische Basisinitiativen aus. Die grüne Bewegung und später die Friedensbewegung haben sehr viel von den Gruppenexperimenten der frühen 70er

Jahre gelernt. Jener Aufbruch ist nicht nur Geschichte, sondern das wirkt bis heute nach. Es gibt auch immer noch Kinderläden, wo Eltern sich regelmäßig zusammensetzen und gemeinsam lernen wollen, ihre Kinder und das eigene Erziehungsverhalten besser zu verstehen.

Aber ist da nicht der therapeutische Anteil doch verloren gegangen? Die verstehen sich ja nicht mehr als Encounter-Gruppe, sie setzen sich nicht mehr ein Wochenende Tag und Nacht zusammen und sprechen über ihre Gefühle und Beziehungen.

Richtig. Auch der Zustrom zur Gruppentherapie hat stark nachgelassen. Die große Vision, über Gruppeninitiativen eine humanere Gesellschaft aufzubauen, ist verblasst. In den noch bestehenden Kinderläden hoffen die Eltern nicht mehr, ihre Kinder für eine wunderbar solidarische Gesellschaft präparieren zu können. Ziele, die man in den 70er Jahren erkämpfen wollte, sind ferner gerückt. Aber ich bin überzeugt, sie werden wieder mal deutlicher hervortreten. Der Zeitgeist steht nicht still. Und mir scheint, dass der triumphale Ego-Kult der »Generation Ich« schon wieder etwas am Bröckeln ist. Die soziale Kälte, die auch wesentlich durch die Strukturveränderungen der ökonomischen Welt eingetreten ist, löst schon da und dort Gegenreaktionen aus. So gibt es auch schon wieder ansteigendes Interesse für Familientherapie.

Ich habe an dieser Stelle eine Frage zu den Jugendlichen der Gegenwart. Die haben ja heute viel mehr Kommunikationsmittel zur Verfügung, als wir es damals hatten. Ich denke an Kurzmitteilungen über Mobiltelefon, Chat-Rooms, usw. Das ist ja auch oft ein großer Freundeskreis, der da miteinander kommuniziert. Was denken Sie darüber? Ist das bedenklich, oder ist das eine gute Form der Kinder und Jugendlichen, in sozialen Beziehungen zu sein?

Ich habe mir in meiner langen wissenschaftlichen Laufbahn abgewöhnt, Verhaltensweisen oder Phänomene zu interpretieren, von denen ich zu wenig weiß. Das, was Sie jetzt gerade schildern, das könnte ich nur beurteilen und interpretieren, wenn ich diese Szene besser beobachten könnte, als dies der Fall ist.

Mich beschäftigt dabei die Frage, ob in der Situation der Gegenwart, so wie wir sie heute erleben, so wie sich die Kinder in unserer Gesellschaft bewegen, ob da nicht auch noch die Spuren der Kultur zu erkennen sind, die in den 60er bis 80er Jahren so intensiv gelebt hat.

Natürlich sind diese Spuren noch überall vorhanden. Das geht bis in die Psychoanalyse hinein, wo verschiedene Beziehungstheorien gewachsen sind. Das leitende Menschenbild ist da nur noch partiell der abgeschlossene individuelle psychische Apparat, wie ihn Freud beschrieben hat. Man versteht das seelische Leben eher als Austausch zwischen den Einzelnen, von der Mutter-Kind-Beziehung angefangen. Das Leben in der Gruppe ist nach wie vor oder erst recht ein Brennpunkt des Interesses. Wenn Menschen sich miteinander in der Arbeitswelt nicht wohlfühlen, leisten sie weniger und werden häufiger krank. Deshalb sucht man auch überall in den Führungsetagen der Wirtschaft nach Beratungsteams, die das gruppendynamische Klima zu verbessern helfen sollen. Allmählich merken die Menschen, dass sie dem Druck der Globalisierung und der Flexibilisierung der ökonomischen Strukturen nur besser standhalten können, wenn sie ihre Beziehungen untereinander wieder intensiver pflegen und gegen den ökonomischen Druck stärken. Denn der Einzelne ist unter diesen Verhältnissen zu ohnmächtig und erlebt die Gefahr einer totalen Entwurzelung.

In einer der letzten Ausgaben des »Spiegel« steht, dass es eine neue Suche nach Zweisamkeit gibt, d. h. dass Menschen zum Ausgleich gegen die beruflichen Herausforderungen jetzt wieder mehr den Partner oder die Partnerin in der Ehe oder in der Beziehung suchen. Zwei könnte man auch als eine »kleine Gruppe« ansehen – glauben Sie, dass es auch wieder eine Entwicklung zur größeren Gruppe hin geben könnte?

Das glaube ich schon. Denn auch die Zweierbeziehung reicht nicht aus, um die Flexibilisierung und Unverlässlichkeit der globalisierten Institutionen auszugleichen. Man sieht, dass sich in den Regionen immer häufiger Interessengruppen zusammenschließen, um gemeinsam humane Ansprüche zu verteidigen – in den Bereichen Umwelt, Verkehr, Stadtplanung usw. Es geht also nicht nur um die individuelle Verwurzelung in einer Gemeinschaft, sondern auch sehr dringend um die gemeinsame Wahrnehmung sozialer Verantwortung.

Sie haben vorhin Ihre Bücher erwähnt: »Eltern-Kind-Neurose«, »Patient Familie«, also Ihre familientherapeutischen Anfänge. Wenn man Ihre Veröffentlichungen verfolgt, sind die im Laufe der Zeit, so mein Eindruck, immer politischer geworden. Könnte man auch sagen, dass sich darin auch Ihre persönliche Entwicklung spiegelt? Es scheint, als ob Sie immer weniger auf Psychotherapie im klassischen Sinne vertrauen zugunsten der Überlegung, dass sich gesellschaftliche Rahmenbedingungen verändern müssen, wenn Menschen sich konstruktiv entwickeln sollen. Ich denke da an das Adorno-Wort: »Es gibt kein richtiges Leben im Falschen.« Was würden Sie dazu sagen?

Adorno war ja ein Meister in solchen prägnanten Thesen. Aber ich war nie ein Anhänger dieser Formel. Die Gesellschaft kann nur menschlicher werden, wenn sich im gleichen Zug die Menschen entsprechend verändern. Also wenn man bereits im »Falschen«, also in einer ungerechten Gesellschaft anfängt, ein humaneres Zusammenleben zu erproben. Wenn man erst wartet, bis das Ganze »richtiger« wird, dann ist man verloren. Man muss von unten aus mitwirken und zugleich das Ganze im Auge behalten. Der Psychoanalytiker Ernst Simmel hat dem Sinne nach einmal gesagt: »Die Demokratie braucht emanzipierte Menschen, und die Menschen brauchen zur Emanzipierung Demokratie.« Auf das Adorno-Wort haben sich viele berufen, die gesagt haben: Zuerst brauchen wir die Revolution, dann erst können sich die Menschen besser entwickeln. Das von mir bejahte Konzept der 70er-Bewegung lautete dagegen: Den Prozess der gesellschaftlichen Humanisierung können nur Menschen hervorbringen, die sich eine neue Selbstbestimmung in Verbindung mit sozialer Verantwortlichkeit erarbeiten. Herbert Marcuse war es, der damals mit Recht immer wieder gesagt hat: Das muss ineinandergreifen! Also nicht erst das Sein und dann das Bewusstsein.

Wie ist denn das bei Ihnen persönlich gewesen?

Was ich eben gesagt habe, betrifft ja unmittelbar mein eigenes Konzept. Der Anfang war, zunächst meine Entwicklung aus der eigenen Kindheit heraus besser zu verstehen. Dann nahm ich zusammen mit meiner neuen Familie an den geschilderten Prozessen der jungen Generation teil. Ich habe Kinderladen-Gruppen supervisioniert und über zehn Jahre intensiv in einer Obdachlosen-Initiativgruppe mitgearbeitet. Noch heute bin ich den Menschen dieses sozialen Brennpunktes sehr verbunden. Dann habe ich, wie Sie wohl wissen, sehr engagiert an den Reformen der psychosozialen Versorgung teilgenommen – zusammen mit meinen Mitarbeiterinnen und Mitarbeitern in Gießen und zahlreichen anderen jungen Analytikern und Psychiatern.

Ich befand mich ja auf der Stufe einer Art Zwischengeneration, hatte bereits als 18-Jähriger in Russland gekämpft und hatte 1968 schon drei halberwachsene Kinder, die auf die eine oder andere Art an der Jugendrebellion teilnahmen. Meine Frau und ich wurden sozusagen von dieser Jugend mitgenommen, nicht von ihren Revolutionsutopien, aber von ihren Wünschen, die Überreste der Nazistrukturen aufzubrechen. Als sich in den 70er Jahren die große soziale Reformbewegung von dem militanten revolutionären Flügel ablöste, war ich einer der wenigen Analytiker, die als so etwas wie geistige Orientierungsfiguren gesucht wurden, um den linken Humanismus sozusagen praktikabel zu machen. Das führte mich zur Zusammenarbeit mit politischen Instanzen, letztlich mit Willy Brandt, zu dem ich ein näheres Verhältnis fand, wie ich anderswo beschrieben habe.

Als die Gelder für die Psychiatrie-Reform freiwurden, haben wir von Gießen aus in mehreren Bundesländern an der Weiterbildung von psychosozialen Berufen mitwirken können, um reformierte Arbeitsmodelle einzuüben. Aber daneben hab ich keinen Tag die therapeutische Arbeit mit Einzelpatienten, Familien und Gruppen versäumt. Diese unmittelbare Arbeit mit Menschen benötige ich bis heute. In meinem Buch »Flüchten oder Standhalten« habe ich bereits ausgedrückt, was ich als Lebensprinzip für mich ansehe: Je älter einer wird und in einem sozialen Beruf mehr in moderierende und organisierende Aufgaben hineinwächst, um so mehr braucht er die unmittelbare Beziehung zu Menschen, um selber menschlich zu bleiben. Wer am Ende nur noch mit Plänen, Verwalten, Managen zu tun hat, der verarmt in der Lebendigkeit seiner Beziehungen und in der jugendlichen Kreativität. Aber es verlangt einige Widerstandskraft, dieses Wirken an der so genannten Basis durchzuhalten und sich nicht von so genannten höheren Aufgaben aufsaugen zu lassen.

Früher gab es eine engere Verbindung zwischen Therapieerfahrungen und sozialen Reformbestrebungen. Da hat sich doch vieles verändert.

Psychoanalytiker und Therapeuten sind keine Erzieher. Vorübergehend ist das Bedürfnis der Therapiepatienten zurückgegangen, mit seelischer Gesundung auch das Gefühl sozialer Verantwortlichkeit zu stärken. Übrig geblieben ist vielfach das Interesse, mit sich selbst und den engsten Beziehungen besser zurechtzukommen. Narzisstische Selbstvervollkommnung wurde das Ziel. An manchen psychoanalytischen Instituten wurde Ausbildungskandidaten die Arbeit mit Gruppen regelrecht untersagt. Erst recht galt das Engagement in sozialen oder grünen Initiativen eher als Gefährdung der psychoanalytischen Identität. Selbst psychoanalytische Familientherapie wurde an manchen Instituten nicht mehr gepflegt. Das war bei uns in Gießen immer anders. Hier waren einige aus unserem Team stets nebenher in Basisinitiativen tätig – in sozialpolitischen Initiativen, bei den Grünen, bei den Friedensärzten, bei Ausländer- und Flüchtlingsprojekten.

Es gibt ja noch eine Entwicklung aus dieser »großen Zeit der Gruppen«, das sind die Selbsthilfegruppen. Die sind aus meiner Sicht doch relativ stabil geblieben bzw. haben sogar in den letzten Jahren einen deutlichen Zulauf bekommen. Hat sich da nicht über die Zeit hinweg etwas deutlich erkennbar erhalten?

Sie haben recht, die Selbsthilfegruppen haben die Hinwendung zur egozentrischen Rivalitätsgesellschaft nicht nur unbeschadet überstanden, sondern haben sich weiter ausgedehnt. In dem Hause, in dem ich arbeite, ist die Deutsche Arbeitsgemeinschaft für Selbsthilfegruppen unter Moderation von Jürgen Matzat immer noch außerordentlich aktiv. Die Zahl der Themen, um die sich Selbsthilfegruppen scharen, hat sich vervielfacht. Was hier geleistet wird und noch mehr geleistet werden kann, haben zahlreiche Organisationen der psychosozialen Versorgung noch nicht voll begriffen. Die Selbsthilfegruppen brauchen allerdings noch mehr Unterstützung, damit sie ihre Möglichkeiten voll ausschöpfen können.

Wir haben überlegt, ob wir einmal einer jungen Psychologin oder einem jungen Psychologen Ihr Buch von 1972 »Die Gruppe« zu lesen geben und eine Rezension aus einer Per-

spektive einer anderen Zeit heraus vornehmen lassen. Was sagen Sie zu solch einer Idee?

Sie haben da jede Freiheit, und ich wäre sehr gespannt darauf. Vermutlich wird man manches heute als blauäugig und romantisch empfinden, was in den 70er Jahren als unmittelbar realistisch und politisch relevant galt. Man kann sich ja heute kaum noch vorstellen, wie tief die damalige Bewegung sogar in die konservativen Familienstrukturen eingriff. Ein Beispiel: Aus jeder dritten Professorenfamilie unserer Gießener Medizinischen Fakultät hatten wir damals in unserer Psychosomatischen Klinik Patienten. Viele Professoren-Frauen und -Kinder. Überall regten sich Zweifel: Bin ich in Ordnung, versage ich nicht als Partner, als Erzieher, wie kann ich mein Gefühl der Unfreiheit in der Familie oder am Arbeitsplatz überwinden? Wenn ich noch an die Beratungen im Medizinischen Fakultätentag nachdenke, so waren da viele konservative Professoren, die plötzlich begierig waren, eine kritische sozialpsychologische Sichtweise kennen zu lernen, es war so eine Stimmung: »Das muss her, das braucht die neue Studentengeneration. Wenn die nicht mit solchen Interessen bedient wird, dann wird sie noch rebellischer!« Man denke: Mündliche Prüfungen im Staatsexamen wurden 1970 abgeschafft, weil man den Bedenken der Studenten nachgab, die einen sadistischen Missbrauch der Prüfermacht fürchteten. Man wird sicherlich manche Reformideen von damals überzogen, andererseits manche Rückwärtsbewegungen bedauerlich finden.

Sie haben gerade »schwärmerisch« gesagt. Ich denke, das war ja damals auch eine sehr optimistische und begeisterte, eine

Aufbruchszeit. Wenn Sie Ihr Buch »Die Gruppe« heute noch einmal neu schreiben würden, was würde das heute für eine Tendenz haben?

Ein 77-Jähriger kann ohnehin nicht mehr so schreiben wie ein Mittvierziger. Aber ich bin gerade dabei, zu dem Grundthema »Die Gruppe« einen Entwurf zu machen. Ich werde auf der kommenden Lindauer Psychotherapiewoche eine Reihe von Vorlesungen unter dem Titel »Ich oder Wir« halten. Ich werde dieses Thema im Zusammenhang mit der Philosophie-Geschichte entwickeln, so wie einst mein Buch »Der Gotteskomplex« entstanden ist: Wie ist in der Geschichte das individualistische Menschenbild der Neuzeit aus früheren, eher sozial definierten Menschenbildern hervorgegangen? Ich werde das individualistische Menschenbild Freuds mit sozialpsychologischen Ansätzen konfrontieren, z. B. mit der Theorie der ungarischen Schule, wo die gesamte Entwicklungspsychologie von einem beziehungstheoretischen Ansatz gesehen wurde. Dazu kommen Norbert Elias, Martin Buber, John Bowlby und andere. Gedanken aus dem »Gotteskomplex« werde ich weiterführen. Sie sehen, meine alte Vorliebe, psychoanalytische Grundkonzepte mit kulturpsychologischen und philosophischen Gedanken zu verbinden, besteht unvermindert weiter.

Jedenfalls denke ich, dass wir von dem individualistischen Menschenbild wegkommen müssen, nach welchem sich die Psyche gewissermaßen in einer geschlossenen Kapsel oder in einem abgegrenzten Apparat befindet und nicht in einem primären Beziehungs-Zusammenhang begriffen wird. Ich werde das Konzept der unbewussten Austauschprozesse, das ich am Beispiel der Familiendynamik beschrieben habe, in seiner viel weiter reichenden Bedeutung für sozialdynamische Vorgänge untersuchen. Dazu werde ich neue Gruppenerfahrungen im politischen Bereich darstellen. Anderswo habe ich schon darüber geredet, dass ich seit 1987 Gelegenheit habe, in kleinen Gruppen von Politikern, Schriftstellern, Wirtschaftlern, Kirchenleuten mitzuwirken, die ich moderierte. Da geht es darum, in einer parzellierten, spezialisierten Gesellschaft in gemischten Gruppen zu lernen, den Zusammenhang des Ganzen im Auge zu behalten und voneinander zu lernen, die Kompetenz in der eigenen Berufssphäre besser auf übergeordnete gesellschaftliche Zusammenhänge abzustimmen. Das erfordert, dass die in den verschiedenen Bereichen eingeordneten Individuen ihre Einseitigkeiten besser durchschauen, ihre Isolierung durch ihre Fachsprachen abbauen und ihre Mitverantwortlichkeit für Gebiete erkennen, von denen sie bisher glaubten, dass diese sie nichts angingen.

Das klingt hier vielleicht alles sehr abstrakt. Aber ich bin tief beeindruckt davon, was solche kleinen nichtöffentlichen Gruppenveranstaltungen an Erkenntnissen und Selbsterkenntnissen bringen können, wenn die Beteiligten in sich erst einmal das Bedürfnis entdecken, mitverantwortlich daran teilzunehmen, womit sich Leute in ganz anderen professionellen Bereichen beschäftigen. Da stellen Naturwissenschaftler, Theologen, Politiker, Schriftsteller, Manager plötzlich fest, dass sie einander brauchen, um das eigene Tun unter völlig neuen Aspekten zu sehen und von bislang vernachlässigten Fragestellungen aus zu untersuchen. Einen solchen Kreis habe ich unter der Schirmherrschaft von Gorbatschow erlebt. Einen anderen Kreis habe ich in nationalem Rahmen selbst zusammengebracht. Aber das kann ich hier nicht weiter ausführen.

Das vorliegende Heft befasst sich ja mit »Gruppentherapie« als psychologischem Setting, und die Gruppentherapie in Deutschland ist rückläufig. Wir haben bei unseren Recherchen herausgefunden, dass es nicht nur der finanzielle Aspekt bei vielen Therapeuten ist, sondern dass auch Ängste vor der Arbeit mit Gruppen existieren. Wir sehen Sie den Stellenwert der Gruppentherapie in der Psychotherapie gerade im Vergleich zu Einzeltherapie?

Es spielt sicherlich eine wichtige Rolle, welchen Stellenwert die psychotherapeutischen Ausbildungsinstitute der Gruppentherapie zumessen. Wer in seiner Weiterbildung eine gruppentherapeutische Selbsterfahrung durchmacht, der wird die großen Chancen eines gruppentherapeutischen Settings erkennen und sich schwerlich davon wieder definitiv abwenden. Der Bedarf an Institutionsberatung wird ja auch immer größer, wo gruppentherapeutische Erfahrungen eine wichtige Anwendung finden können. Aus der Psychiatrie ist die Gruppentherapie ohnehin nicht mehr wegzudenken. Die weitere Entwicklung im ambulanten Bereich kann ich nicht voraussehen. Aber wenn ich an die Resultate unserer repräsentativen Gießen-Test-Untersuchungen denke, so dürfte es sich auswirken, dass die Menschen wieder mehr soziale Nähe, Einfühlung, Anteilnahme suchen. Das sind jedenfalls psychologische Voraussetzungen dafür, an eigenen Problemen in Gruppenzusammenhängen arbeiten zu wollen.

Seit den 70er Jahren war zu erkennen, dass die Einzelnen in der Gruppe allmählich weniger bessere Gemeinschaftsfähigkeit als Ziel hatten, sondern voran bessere Selbstverwirklichung suchten. Die Einzelnen wollten ihren narzisstischen Hunger befriedigen. Wenn einer in einer Stunde sich mit seinen Problemen dramatisch öffnete, so wurde in der nächsten Stunde kaum nachgefragt, wie es ihm denn weiter ergangen wäre. Man dachte eher: »Der hat das letzte Mal genug gekriegt, und jetzt sind wir mal dran!« Man fühlte sich weniger wechselseitig mitverantwortlich. Undenkbar wäre in den 70er Jahren gewesen, was ich vor einiger Zeit erlebt habe, dass eine jüngere Frau in der Gruppe sagte: »Meine Mutter ist sterbenskrank. Aber ich habe einen Urlaub gebucht, was soll ich nun machen, ich bin dann 14 Tage in der Karibik, und die Mutter liegt in der Klinik und könnte sterben!« Da hätte man in den 70er Jahren gesagt: »Das würde sicher schwer werden für dich, später zu verarbeiten, wenn du die Mutter allein gelassen und dich nicht von ihr verabschiedet hast.« Diesmal habe ich erlebt, dass die Gruppe einig war: »Wenn du jetzt das ganze Jahr so verplant hast, dann ist es dein gutes Recht, auf Urlaub zu fahren. Du musst auch an dich denken!«

Ähnliche Reaktionen habe ich in den letzten Jahren häufiger erlebt. Aber wie gesagt, die Stimmung ist vielleicht gerade im Begriff, sich wieder zu wandeln.

Psychoanalytische Familientherapie – eine aktuelle Herausforderung

Dass Sigmund Freud selbst und die mit seiner Führungsnachfolge betrauten Tochter Anna und Heinz Hartmann das Aufgabenfeld der Psychoanalyse auf die Innenwelt des Individuums reduziert haben, hatte vor allem drei Gründe, die kurz genannt seien. Das war *erstens* das naturwissenschaftlich biologische Denkmodell, von dem Freud ausging: Demnach hatte er die Strukturen und die Funktionen des Psychischen ausdrücklich einem psychischen Apparat zugeordnet, in dem sich Energien entfalten bzw. unter dem Einfluss spezifischer Mechanismen verschiedenen Wandlungen unterliegen. Die Außenwelt als relativ konstantes soziokulturelles Milieu verlangte von diesem Apparat zwar Anpassungsleistungen, z. B. an die kulturelle Sexualmoral, gewann ihre Bedeutung aber erst durch ihre innerpsychischen Spuren oder Repräsentanzen. Deshalb erklärte es der ältere Freud z. B. als relativ unwichtig, ob eine Analysandin eine kindliche sexuelle Verführung als Tatsache erinnere oder nur phantasiere. Die äußere Tatsachenwelt, so meinte er, sei vom Gesichtspunkt der Psychoanalyse aus eine zu vernachlässigende *materielle* Realität, abgesondert von der allein für die Psychoanalyse relevanten inneren *Realität des Psychischen.* Heinz Hartmann hat diese These bekräftigt: Die Psychoanalyse sei eine biologische Naturwissenschaft von der Seele und sonst nichts. Aber als er dies 1937 apodiktisch feststellte, gab es noch einen *zweiten* Grund für die Abkehr der Psychoanalyse von der Sozialpsychologie, der von praktisch-politischer Art war. Wenn man sagen konnte, die Psychoanalyse kümmere sich nicht um die sozialen Beziehungen des Individuums und erst recht nicht um seine Verwicklung in aktuelle geistige und politische Strömungen, so konnte man hoffen, die Arbeit der psychoanalytischen Institute vielleicht noch vor dem Zugriff der Machthaber schützen zu können.

Ein *dritter* Grund war die Enttäuschung übertriebener Hoffnungen, mit einer psychoanalytisch reformierten Erziehung eine erfolgreiche Neurosenprävention erreichen zu können. Diese Erwartung, so verkündete Anna Freud 1954, sei definitiv gescheitert. Hauptquelle neurotischer Entwicklungen seien innere Dispositionen wie besondere Triebstärke, die anlagebedingte Ich-Es-Spaltung, die konstitutionelle Ambivalenz und vorbestimmte Entwicklungskrisen. Dazu kämen unvermeidbare ubiquitäre Belastungen wie das Abstillen, das Sauberkeitstraining, Geschwisterrivalitäten usw. Die erziehenden Eltern seien weniger als so oder so beschaffene Personen wichtig, vielmehr schlicht als repräsentative Vollzieher einer kulturell bestimmten Aufgabe.

Mit ihrer Einschränkung der Bedeutung der sozialen Welt für die Neurosenentstehung haben Anna Freud und Heinz Hartmann nur die ergänzende theoretische Rechtfertigung für die übliche Handhabung der Psychoanalyse in der Einzeltherapie geliefert. Denn in dieser wird der Analysand ohnehin nur auf sein Inneres verwiesen. Daran, was ihn draußen beschäftigt, soll er lediglich lernen, dieses Innere besser zu verstehen. Aber ist eine solche Trennung von drinnen und draußen selbstverständlich oder überhaupt sinnvoll?

Dass die Psyche dem Einzelnen wie in einer Art Gehäuse einwohne, ist uns in der westlichen Kulturtradition derart geläufig, sodass es vielen schwerfällt, diese Sichtweise überhaupt in Frage zu stellen, etwa Martin Buber zu folgen der sagt: Der Mensch ist erst in der Vollständigkeit der Beziehung zwischen dem einen und dem anderen anthropologisch existent, oder Norbert Elias zuzustimmen, der es für eine willkürliche Annahme hält, dass die Menschen nebeneinander mit einer wie in einer Kapsel abgeschlossenen Innenwelt leben. Statt dessen müsse man erkennen, dass sie alle in einem offenen Austausch stehen, aufeinander bezogen und voneinander abhängig von Anfang an. Entsprechend kam in der ungarischen psychoanalytischen Schule vor allem durch Alice und Michael Balint die Idee auf, die frühe Kindheit von vornherein als *ein Beziehungsgeschehen* zu verstehen. »Am bedeutendsten ist wohl die Tatsache«, schrieb Michael Balint 1961, »dass am Grunde der Eltern-Kind-Beziehung eine wechselseitige Interdependenz besteht«. »Das bedeutet«, fuhr er fort, »dass die libidinöse Beziehung des einen, also des Säuglings, auch libidinöse Befriedigung des anderen, also der Mutter sein muss.« »Wenn es aber bei einem Partner nicht der Fall ist, dann ist die Beziehung gespannt, und es kann beim Kind zu irgendwelchen Ich-Verformungen oder bei der Mutter zu neurotischen Erscheinungen kommen.« Man erkennt: Hier wird das Psychische als eine gemeinsame Welt mit internen Wechselbeziehungen aufgefasst, deren Qualität ausschlaggebend für pathogene Entwicklungen auf der einen wie der anderen Seite wird.

Wenn ich mir erlaube, meine eigene Bevorzugung dieser Sichtweise zu erklären, so muss ich gestehen, dass dies weniger aus wissenschaftstheoretischer Reflexion als aus praktischer Erfahrung erfolgte. Ich war unverhofft bereits als 29-Jähriger 1952 mit der Leitung einer kindertherapeutischen Beratungs- und Forschungsstelle betraut worden, die in einem großen Kinderkrankenhaus im Berliner Arbeiterviertel Wedding angesiedelt war. Aus der Art, wie mir dort die Eltern, oft nur die Mütter, ihre Sorgen, Ängste, Enttäuschungen oder auch Verärgerungen über die Kinder vortrugen, die sie uns wegen irgendwelcher Symptome vorstellten, wurde ich dazu angeregt, mich näher mit ihren eigenen Motiven zu beschäftigen. Wenn ich mir damit Zeit ließ, konnte ich oft unschwer herauslesen, dass ihre Sorgen um das Wohl des jeweiligen Kindes von unbewussten eigenen Ansprüchen überlagert waren, die sie an das Kind richteten. Da kamen u. a. ungestillte libidinöse Wünsche, überehrgeizige Hoffnungen oder auch umgekehrt Projizierung von Selbsthass und Schuldgefühlen zum Vorschein. Nach langem geduldigen Zuhören erkannte ich in vielen Fällen, dass es vielen Eltern nur indirekt um die Heilung des Kindes, stattdessen primär um Hilfe für die Lösung eigener persönlicher oder ehelicher Probleme ging. Schließlich konnte ich mir oft, noch bevor ich das Kind gesehen hatte, schon gut dessen Symptome als eine unbewusste Antwort an die ihm unbewusst zugeteilte neurotisierende Rolle begreifen. Auf diesem Wege wurde ich ganz zwangsläufig dazu geführt, die Welt des Unbewussten, der sich die Psychoanalyse ja speziell widmet, als einen die Menschen in ihren Beziehungen verbindenden Bereich zu verstehen, hier also speziell als Austragungsort eines dialogischen Austausches zwischen Eltern und Kind.

Es ergab sich, dass ich zwischen 1952 und 1955 unter anderem nacheinander mit 14 Familien zu tun hatte, in denen ein Kind an chronischer Obstipation bzw., genauer gesagt, an einem ihm zugeteilten Problem litt, auf das es mit chronischer Verstopfung reagierte. Zusammen mit meinen ehrenamtlichen Mitarbeiterinnen fand ich, dass die Familien in der Struktur der Eltern-Kind-Beziehung große Ähnlichkeiten aufwiesen. Der Kürze halber will ich nur einige Punkte herausheben: Die meisten Kinder waren kaum von ihren Müttern zu trennen, wobei sie einerseits deutlich Angst ausdrückten, aber zugleich einen starken trotzigen Willen, die Mütter zum Verbleiben in ihrer Nähe zu nötigen, was bisweilen geradezu tyrannisch wirkte. Aus den mütterlichen Schilderungen wurde deutlich, dass der kindliche Stuhlgang seit langem in den Mittelpunkt eines kleinen Dramas gerückt war. Charakteristisch war eine hypochondrisch besorgte und zugleich drängende Mutter und ein bis zur Erpressung verweigerndes Kind. Eine hartleibige Fünfjährige fragte gelegentlich die Mutter: »Hatte ich gestern schon?« Verneinte die Mutter ganz ehrlich, kam die Antwort: »Dann werde ich es erst morgen versuchen.« Einige Kinder schenkten den Kot nur her, wenn die Mutter zu geforderten Gefälligkeiten bereit war, also z. B. bei der Prozedur das Kind an den Händen zu halten oder es mit Süßigkeiten zu belohnen. Wie sich allmählich herausstellte, spielte sich in der Mehrzahl der Fälle folgender neurotischer Dialog ab: Die Mutter stand unter dem Druck abgewehrter negativer Gefühle, die sich in hypochondrische zwanghafte Befürchtungen verwandelt hatten. Sie betrieb also eine charakteristische kompensatorische Overprotection. Das Kind spürte diese Ambivalenz. Daher einerseits seine Trennungsangst, andererseits seine Ausbeutung der mütterlichen Wehrlosigkeit durch die Stuhlverweigerung. Die verzögerte Stuhlentleerung musste sich die Mutter durch Unterwerfung unter die kindliche Verwöhnungs- und Präsenzforderungen verdienen. So erkämpfte sich das Kind surrogatweise die sonst gefährdete Zuwendung der Mutter, die ihrerseits mit ihrer masochistischen Unterwerfung ihre Schuldgefühle für ihre heimlichen feindseligen Gefühle abbüßen konnte.

Ich war so kühn, die an diesen 14 Fällen studierte pathologische Mutter-Kind-Beziehung zu einem Vortrag vor dem Internationalen Psychoanalytischen Kongress in Paris 1957 zu verarbeiten. Gewagt war es deshalb, weil der Kongress von Anna Freud dominiert wurde, die ja gerade zuvor eine definitive Entlastung der Eltern von dem Verdacht verkündet hatte, an der Verursachung kindlicher Neurosen wesentlich mitbeteiligt zu sein. Immerhin erntete ich für meinen Vortrag die ermutigende Zustimmung einiger weniger, allerdings von mir besonders geachteter Kolleginnen und Kollegen.

In den folgenden drei Jahren unternahm ich es, solche Beziehungsmuster typologisch zu ordnen, in denen Mütter oder Väter oder beide zusammen unbewusst einem Kind eine Rolle aufdrängen, die dessen Entwicklung in charakteristischer Weise belastet. Die so entstandene Rollentheorie wurde später unabhängig von Stierlin als Delegationstheorie in sehr ähnlicher Form vorgetragen. Ich beschrieb die Schicksale von Kindern in der Rolle als Ersatzpartner, als narzisstisches Abbild, als Substitut des idealen Selbst, als Sündenbock, als umworbener Bundesgenosse im Elternstreit. Als Hintergrund für solche Rollenzuweisungen ließen sich auf der Elternseite spezifische unbewusste Strategien und Mechanismen ermitteln. Obwohl es sich eigentlich um dialogische Prozesse handelt, arbeitete ich damals vor allem die elterlichen Motive heraus. Das war insofern zu rechtfertigen, als die Inszenierung des pathogenen Dialogs in der Regel ja von der elterlichen Seite bestimmt wird. Andererseits durchschaute ich damals noch kaum eine Komponente meiner eigenen Forschungsmotivation. Konkret gesprochen: Ich merkte nicht, dass ich mich unbewusst eher auf die Seite der Kinder schlug. In mir war etwas von einem Spürhund, der nach schuldigen Eltern fahndete, um arme Kinder von deren Druck zu befreien: »Was hat man dir armes Kind getan?« Insgeheim wollte ich mich also mit kindlichen Opfern verbünden. Es war etwa die Position von Alice Miller. In mir war noch ein unbearbeiteter Rest von Vorwürfen gegen meine eigene erdrückend mächtige Mutter und den schwer zugänglicheren ambivalenten alten Vater. Weil beide gemeinsam einen schrecklichen gewaltsamen Tod erlitten hatten, war ich in diesem Problem aus Schuldgefühlen immer wieder stecken geblieben.

Später wurde mir klar, dass zumal jüngere Erziehungsberaterinnen und Therapeuten gar nicht selten in dieser Weise unbewusst persönliche Ablösungskonflikte in ihre professionelle Arbeit hineintragen. Die Folge ist, dass den Kindern eine intensive therapeutische Betreuung gewidmet wird, während die Eltern nur mit Informationen und erzieherischen Ratschlägen versorgt werden. Das geht dann meist schief, wenn es den Eltern weniger an besserem Wissen oder gutem Willen, sondern an der Kraft zu einer inneren Umstellung fehlt. Schärfte ich beispielsweise den Müttern der obstipierten Kinder ein, sie sollten diesen nicht fortgesetzt besorgt hinterherlaufen, so konnte ich ihnen zwar meinen Rat plausibel machen, aber wie sollten sie sich ändern, wenn ich ihnen nicht half, die neurotischen Hintergründe ihrer Ängste zu durchschauen und abzubauen? Mein Buch »Eltern, Kind und Neurose«, 1960 geschrieben, lässt noch sehr deutlich diese Täter/Opferperspektive durchschimmern. Aufmerksame LeserInnen mögen in dem Buch auch Muster von Eltern-Kind-Beziehungen vorfinden, die mir deshalb besonders plastisch gelungen sind, weil sie mir aus persönlicher Erfahrung besonders nahe waren.

Als Vater von drei bis 1950 geborenen Kindern musste ich indessen allmählich entdecken, dass auch ich keineswegs dagegen gefeit war, in die eigenen Kinder Wünsche oder Befürchtungen hineinzuprojizieren, so wie ich dies von meiner Praxisklientel her kannte. Kritische Beobachtungen meiner pädagogisch erfahrenen Frau und Erinnerungen an meine Lehranalysen trugen dazu bei, dass ich mir allmählich auf die Schliche kam, also wenn ich etwa einem Kind besondere Genugtuung bekundete, sofern es eine Stärke verriet, die ich bei mir vermisste, oder wenn ich umgekehrt bei einem anderen Sorge über ein Verhalten erkennen ließ, das mich an eine eigene unterdrückte Schwäche erinnerte. Jedenfalls trugen solche peinlichen Entdeckungen dazu bei, dass ich meine Patienten-Eltern künftig mit einfühlsamerer Sympathie wahrzunehmen vermochte. Es war ein Lernschritt in Richtung einer ganzheitlichen familiendynamischen und familientherapeutischen Einstellung, die sich dann, wie ich hoffe, in meinem nächsten Buch »Patient Familie« einigermaßen überzeugend niedergeschlagen hat.

In diesem Buch habe ich mich bemüht, das Zusammenspiel von wechselseitigen Einflüssen in der Dynamik von Familienneurosen verständlich zu machen. Auch hier bin ich wieder typologisierend verfahren. Ich habe bei angstneurotischen, paranoiden und hysterischen Familien nach typischen Gemeinsamkeiten in der Entstehungsgeschichte, in unbewussten Beziehungsmustern und in ihren Verhaltensmerkmalen gesucht. Was geht in solchen Familien vor, wenn sie sich in einer Art gemeinsam inszenieren, die an ein Sanatorium, an eine Festung oder ein Theater erinnert? Wer führt die Regie, und wie ergeht es solchen Mitgliedern, die gegen ihre zudiktierte Rolle aufbegehren? Welches sind die psychosozialen Abwehrmechanismen, die im Hintergrund strukturierend wirken?

Als ich dieses Buch zu schreiben anfing, hatte ich noch ein eher statisches Bild der Familie vor mir, losgelöst aus dem Fluss des gesellschaftlichen Wandels. Die äußere Welt verblasste zu einem ahistorischen Milieu. Die von mir aus den klinischen Erfahrungen extrahierten Familientypen standen wie zeitlose Gestalten da, ohne Bezug zur gesellschaftlichen Aktualität.

Aber nun hatte 1968 die Studentenbewegung eingesetzt. Die rebellierende Jugend drang mit ihrer Kritik an den gesellschaftlichen Strukturen bis ins Familienleben ein. Allmählich ließ sich erahnen, wofür sie die Elterngeneration so hartnäckig zur Rechenschaft ziehen wollte: nämlich für das Verschleiern eines überall noch in Spuren erhaltenen Nazi-Ungeistes und für die uneingestandene Weitergabe eines Schulderbes, über das Väter und Mütter fast ein Viertel Jahrhundert hinweg geschwiegen hatten. Wenn die Rebellen ihre Entrüstung auch auf Napalm-Bombardements der Amerikaner in Vietnam ausweiteten, so meinten sie eigentlich die Naziverbrechen in Auschwitz mit. Es war eine der denkwürdigen historischen Situationen, in denen die junge Generation stellvertretend die Verantwortung für den Durchbruch durch eine gesellschaftliche Verdrängung ergreift, von dem die Elterngeneration zurückscheut. So bekam diese Jugendrevolte in typischer Weise die Züge eines Gemischs von pubertärem Übermut und Größenwahn einerseits und ahnungsvoller Weisheit andererseits.

Als dann der rasende Aktionismus der ersten Phase der

Revolte abklang, machten sich Scharen von jungen Eltern daran, so etwas wie familientherapeutische Selbsthilfegruppen aufzubauen. Es waren die Kinderläden. Die Eltern taten sich zu Gruppen zusammen, betreuten – zunächst ohne Fachpersonal – gemeinsam ihre Kinder und trafen sich wöchentlich, um sich über die Beobachtungen an den Kindern und über ihre eigenen Beziehungsprobleme mit diesen auszutauschen. Sie wollten die Kinder vor hemmender Unterdrückung bewahren, diese zugleich zu gewaltfreier Lösung ihrer Probleme anhalten. Ihr letztes Ziel war, die Kinder emanzipatorisch auf das Leben in einer solidarischeren Gesellschaft vorzubereiten. Da kam manches zusammen: Hochfliegende Visionen, antiautoritäre Übertreibungen, aber auch großes Verantwortungsbewusstsein, bemühte Einfühlung und ehrliche Lernbereitschaft. Voller Eifer studierten die jungen Eltern Schriften der Psychoanalytiker aus der Zeit der Wiener Jugendkulturbewegung, zum Beispiel von Bernfeld und Fenichel. Sie selber wollten sich unter Zuhilfenahme psychoanalytischer Erkenntnisse verändern, um ihre Kinder besser fördern zu können. Zwei dieser Elterngruppen holten mich als Psychoanalytiker zu Hilfe. Gemeinsam mit wechselnden Kolleginnen habe ich diese Gruppen längere Zeit betreut.

Es waren die dortigen Erfahrungen, auch die Auseinandersetzungen mit den eigenen drei Kindern, von denen zwei in der Studentenbewegung aktiv waren, die mich selbst lehrten, den Zusammenhang zwischen Familie und Gesellschaft genauer zu verstehen. Wie – darüber habe ich mich damals ausführlich in meinen Büchern »Die Gruppe« und »Lernziel Solidarität« verbreitet. Hier nur das eine: So wie ich ursprünglich gelernt hatte, die Probleme und Störungen von Kindern aus dem unbewussten Dialog mit elterlichen Erwartungen zu verstehen, so wurde ich jetzt auf die unbewussten Austauschprozesse zwischen Familie und gesellschaftlichem Umfeld aufmerksam. Ich entdeckte die Familie als Austragungsort generationsübergreifender gesellschaftlicher Konflikte, erkennbar an dem Vergangenheitsbezug der 68er-Revolte. Zugleich sah ich, wie die Kinderladen-Eltergruppen sich beauftragt fühlten, wie kleine Werkstätten auf eine sozialere Gesellschaft hinzuarbeiten. In der Familie verdichteten sich Brennpunktartig gesellschaftliche Erblasten zusammen mit Visionen, die aus einem vorausschauenden Verantwortungssinn erwuchsen. Beides hing miteinander zusammen, Erinnern mit Prävention. Ich selbst war voll damit beschäftigt, diese Prozesse in gemeinsamer Diskussion im Kollegenkreis und mit Initiativgruppen, die ich begleitete, innerlich zu verarbeiten. Selbst noch am Rande der Generation befindlich, die von der Jugend zur Rede gestellt wurde, empfand ich einer- seits schmerzlich den gerechten Anteil der Beschuldigungen, fühlte mich zugleich indessen wie befreit, Anschluss an die humanistischen sozialen Projekte gewinnen zu können, die aus der Rebellion hervorgingen.

Aber auch der psychoanalytischen Arbeit selbst stellten sich nun neue Aufgaben. Sie drang z. B. in soziale Randbereiche vor, in denen die Anwendung psychoanalytischer Intervention bislang kaum ausprobiert worden war. Warum sollten sich Analytiker aber nur den gebildeten gesellschaftlichen Gruppen in den Wohlstandssiedlungen der Städte zuwenden, die für ihre Methode am leichtesten erreichbar waren? Warum nicht die Methode in Anwendung der Wissenschaft vom Unbewussten modifizieren, um auch Unterprivilegierte oder sogar ausgegrenzte Bevölkerungsteile einbeziehen zu können?

Wenn ich hier kurz auf ein anderswo ausführlich beschriebenes Projekt in einem sozialen Brennpunkt eingehe, so deshalb, weil ich glaube, dass solche Arbeit wieder zunehmend an Bedeutung in Trabantenstädten und anderen Problemfeldern gewinnen wird, wo sich Armut, Gewalt, Abdriften von Jugendlichen und Sucht häufen. Ich möchte an dem Beispiel nur in Stichworten aufzeigen, wie ein psychoanalytischer Zugang zu der Arbeit mit schwer psychosozial geschädigten Familien dienlich sein kann, vielleicht als Anregung für einige Jüngere, allerdings nur für solche, die sich vorstellen können, in einer solchen Beschäftigung Befriedigung zu finden.

Das Projekt lief in einer verwahrlosten Stadtrandsiedlung, bewohnt von 120 Familien mit etwa 400 Kindern, allesamt über das Obdachlosenamt in primitiv ausgestatteten Schlichtwohnungen untergebracht.

Gewalt in den Familien, Schulversagen der Kinder, Prostitution, Alkoholismus und Kriminalität bis ins Schulalter hinab. In der Bewohnerschaft Lethargie, viel Selbstunsicherheit, andererseits hohe Reizbarkeit und Aggressivität. Misstrauen gegen unsere Gruppe, Schwanken zwischen übermäßigen Versorgungserwartungen und schnellem Kontaktabbruch bei Enttäuschung. Keinerlei Zuverlässigkeit im Umgang mit Verabredungen. Es sah so aus, als würde sich von uns aus niemals vertrauensvolle Nähe mit den Bewohnern herstellen lassen. In unserer Gruppe wuchsen Angst vor der Grobheit und Heftigkeit der Reaktionen, die wir auslösten. Zugleich Widerwillen und Wut über die Ansprüchlichkeit und die scheinbare Undankbarkeit der Bewohner. Aber hatten sie nicht recht, unseren Motiven zu misstrauen und uns mit manchen Provokationen zu testen, ob wir uns wirklich auf sie einlassen und sie nicht nur ausforschen und bald wieder im Stich lassen würden?

Vor allem aber galt es auf unserer Seite daran zu arbeiten, die eigene Illusion zu bearbeiten, dass die bewiesene Helfermühe Entgegenkommen und als Gegenleistung zumindest ein kooperatives Betragen verdiene. Und es war zu durchschauen, dass der in uns aufsteigende Abscheu und Ärger viel mit der Angst zu tun hatte, die Kontrolle über die eigene Triebhaftigkeit zu verlieren, was dank der Umgangsregelungen und Abwehrtechniken in der eigenen Schicht sonst üblicherweise zu funktionieren pflegt. In dem aufsteigenden Drang, uns als unfair und ungerecht Behandelte wieder abzuwenden, reproduzierten wir also genau die Reaktionen, die normalerweise rationalisiert werden, um solche Menschen als asozial zu stigmatisieren und auszugrenzen. Derartige Deutungen, in die ich mich immer selbst einbezog, entlasteten von der Versuchung, sich die Konflikte mit den Bewohnern als persönliches Versagen übelzunehmen, bzw. diese durch Zuwendungsentzug zu bestrafen. Mir fiel zur Beschreibung dieses Vorgehens kein besserer Begriff ein als »introspektives Konzept«. Wenn man erkennt, dass man sich weniger vor den anderen als vor der Auflockerung der eigenen Schutzmechanismen fürchtet, und dass man, wenn man sich angegriffen erlebt, eigentlich mehr eine allgemeine gesellschaftliche Kluft als eine persönliche Kränkung erfährt, kann man leichter standhalten.

So geschah, was zeitweise kaum erhofft wurde, nämlich dass die Bewohner zunehmend freundlicher und kooperativer wurden, als sie sich unserer Zuverlässigkeit versicherten, und dass die meisten aus unserem Kreis die Konflikte durchzuhalten vermochten. Zusammen mit den Bewohnerfamilien wurden Schritt für Schritt nicht nur wichtige materielle Verbesserungen in der Siedlung erkämpft, sondern die Familien entwickelten Selbsthilfekräfte, die vieles Erfreuliche bewirkt haben, was ich hier nicht mehr im Einzelnen aufführen kann. Aus den Studenten sind zum Teil Psychoanalytiker, Familientherapeuten und Sozialtherapeuten geworden, die meist noch nach fast 30 Jahren wie ich selber Kontakt zu den Bewohnern aufrechterhalten haben.

Inzwischen haben wir nun große gesellschaftliche Veränderungen erlebt, die auch das Bild der Familie gewandelt haben. Individualisierung, zunehmende Instabilität der Zweierbeziehung, Häufung von Scheidungen und Zunahme von Ein-Eltern-Familien charakterisieren unter anderem den Wandel. Zwar gibt es in einer Reihe von Städten immer noch Kinderläden, aber weder dort noch sonstwo verstehen sich Familien weiterhin als optimistische Werkstätten, die zur Verbesserung der Gesellschaft beitragen wollen. Vielmehr ist die Familie in die Defensive geraten. In ihr spiegelt sich die vermehrte Unsicherheit der Menschen wider, die gar nicht mehr recht wissen, ob sie eigentlich noch die Subjekte der Geschichte sind, ob es an ihnen liegt, die soziale Ordnung, die Struktur der Wirtschaft und die Anwendung technologischer Errungenschaften zu bestimmen oder ob sie nur noch der Eigendynamik der neoliberalen Ökonomie und der technologischen Revolution hinterherlaufen. Verbleibt der Familie etwa nur noch der Auftrag, Menschen für die Zwecke des Standorts verfügbar zu machen, oder wäre es für sie die erste Aufgabe, eine Bastion gegen die psychische Deformierung durch destruktive ökonomische Zwänge zu errichten? Und wie verstehen wir Familientherapeuten uns in dieser Krise?

In seinem bekannten Buch »Der flexible Mensch« erläutert Richard Sennett anhand der Biographie einer amerikanischen Familie sehr anschaulich, wie die noch auf lineare, auf Dauerhaftigkeit angelegte Lebensform der Großeltern-Generation sich auflöst und wie die Folgegeneration in eine zusammenhanglose Zeit hineintaumelt, in der es nichts Langfristiges mehr gibt. Unternehmen fusionieren, brechen zusammen oder wandeln sich abrupt. Jobs tauchen auf und sind morgen verschwunden. Menschen werden hin- und hergeworfen zwischen Arbeitsbereichen, Betrieben und Arbeitsorten. Was sie heute tun, können sie morgen vergessen, weil es nicht mehr gebraucht wird. Das Leben zerfällt in episodische Fragmente. Also wird den Menschen nahegelegt, dass es am besten sei, sich nirgends mehr tiefer einzuwurzeln, vielmehr sich schnell aus Bindungen zu lösen, sich auf nichts mehr zu verlassen. Er komme sich dumm vor, klagt der Sohn in der von Sennett beschriebenen Familie, wenn er seinen Kindern noch etwas von Verpflichtungen erzähle: »Sie sehen sie nirgends mehr.« »Wie bestimmen wir«, fragt Sennett, »was in uns von bleibendem Wert ist, wenn wir in einer Gesellschaft leben, die sich nur auf den unmittelbaren Augenblick konzentriert?«

Dass hierzulande ähnliche psychologische Wandlungen wie in Amerika stattgefunden hatten, das haben Elmar Brähler und ich in unseren repräsentativen Längsschnitt-Studien westdeutscher Selbstbilder von 1975 bis Ende 1994 deutlich feststellen können. Aber in der zweiten Hälfte der 90er Jahre haben wir nun plötzlich eine gegenläufige Wandlung registriert. Entgegen der Hypothese, dass sich in der Befindlichkeit und vielleicht sogar in der Charakterentwicklung der Menschen die ökonomische Flexibilisierung automatisch niederschlage, konnten Brähler und ich in unserer jüngsten Repräsentativ-Studie von Dezember 1999 ermitteln, dass die Deutschen wieder mehr Nähe zueinander suchen und sich leichter auf langfristige Bindungen einlassen. Sie stellen im Durchschnitt sogar eine Minderung ihres Konkurrenzehrgeizes fest und meinen, dass sie weniger in Auseinandersetzungen mit anderen geraten.

Offenbar entwickeln die Menschen also im Durchschnitt inzwischen Widerstandskräfte gegen das Prinzip der Unstetigkeit und der Flexibilisierung in den ökonomischen Strukturen. Sie suchen, wie es aussieht, zumindest im Privatbereich verlässlichen, dauerhaften Halt in Beziehungen. Sie lassen wieder mehr Gefühle zu.

Sollte dieser neue Trend anhalten, lässt sich vermuten, dass sich das Interesse an Paar- und Familientherapie, auch an Gruppentherapie, wieder verstärken könnte, weil die Kurzfristigkeit und Unverlässlichkeit der ökonomischen Verhältnisse das Zusammenwachsen in festen, beständigen Bindungsformen, die gerade auch von der Jugend wieder vermehrt gesucht werden, nicht gerade erleichtern, bzw. den Bedarf an der Bearbeitung von Beziehungsproblemen erhöhen dürften.

Aus: »Psyche«, 55. Jg., Heft 11, 2001

Horst-Eberhard Richter
Das Ende der Egomanie

Die Krise des westlichen Bewusssstseins

Gebunden

»›Das Ende der Egomanie‹ heißt der kühne Buchtitel. Natürlich ist die kulturelle Egomanie noch nicht zu Ende. Sie wird, wie auch in der Regel die individuelle manische Krankheit, alle Anstrengungen aufbieten, um sich trotz ihrer selbstzerstörerischen Tendenz noch weiter zu behaupten. Aber als vertretbares Projekt ist sie am Ende, und es ist, als müsste sie mit dem entfesselten absurden Bombenkrieg nur ihre Pathologie bzw. ihren geistigen Bankrott noch einmal vor aller Welt drastisch beweisen.«

www.kiwi-koeln.de VERLAG KIEPENHEUER & WITSCH

Horst-Eberhard Richter
Wanderer zwischen den Fronten
Gedanken und Erinnerungen

Die Lebenswanderung eines Engagierten:
Horst-Eberhard Richters persönlichstes Buch

Gebunden

»Auslöser für dieses Buch war der Spielberg-Film ›Der Soldat James Ryan‹, in dem sich ein alter Mann noch einmal furchtbaren Kriegerinnerungen aussetzt. Plötzlich sah ich mich selbst als 18-, 19-jähriger Soldat in ähnlich bedrückenden Szenen an der Russland-Front. Was ist es, das mich beim Zurückblicken immer noch zutiefst beunruhigt? Unzufrieden mit dem, was ich schon einmal vor 15 Jahren biografisch notiert hatte, habe ich erneut zurückgedacht, diesmal aber in laufender Vermischung von Vergangenheit und Aktualität – so wie es in meinem Alltag als Therapeut, Leiter eines Forschungsinstitutes und zeitkritischer Publizist zuging.«

www.kiwi-koeln.de VERLAG KIEPENHEUER & WITSCH